Georg Iwanowitsch Gurdjieff

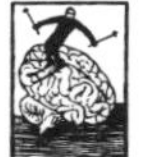

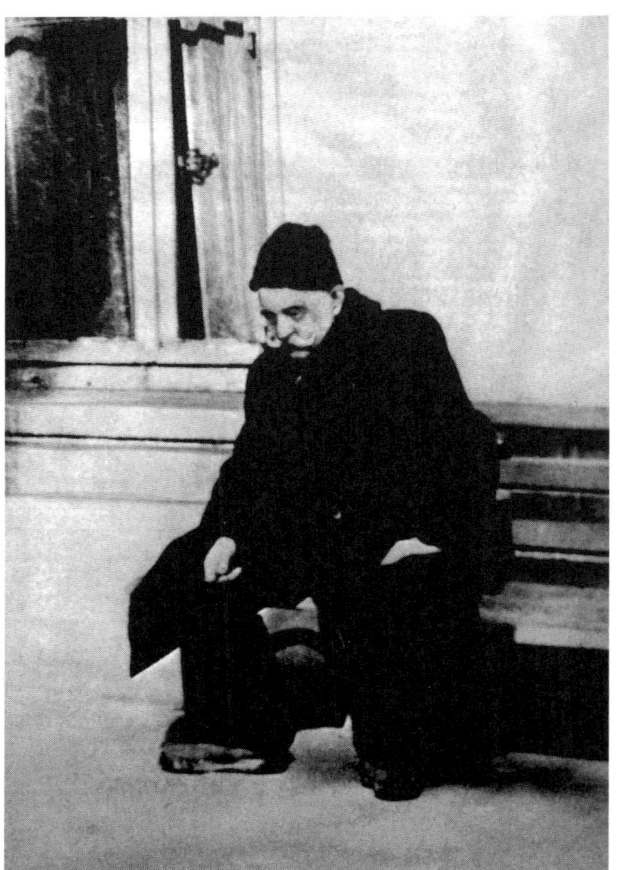

Peter Brook
Jean-Claude Carrière
Jerzy Grotowski

GEORG IWANOWITSCH GURDJIEFF

Aus dem Französischen von Hans-Henning Mey

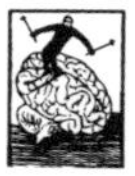

ALEXANDER VERLAG BERLIN

EDITORISCHE NOTIZ

Die drei vorliegenden Texte wurden dem Sammelband *Georges Ivanovitch Gurdjieff. Textes recueillis par Bruno de Panafieu* (Verlag L'Âge d'Homme, 1992) entnommen und erscheinen hier erstmals in deutscher Sprache. Ich möchte an dieser Stelle den drei Autoren und dem Herausgeber ganz herzlich für die Abdruckgenehmigung danken.

Der Sammelband, der 1997 in englischer Übersetzung bei The Continuum Publishing Company (New York) erschien, enthält außer den drei vorliegenden Texten Beiträge von Jeanne de Salzmann, Roy Finch, François Stahly, Michel Camus, Louis Pauwels, Michel Legris, Pierre Schaeffer, Christian Heck, John Pentland, Pauline de Dampierre, David Hykes, Laurence Rosenthal, Marthe de Gaigneron, Jacques Choisnel, Michel Random, Jacques Lacarrière, Dorothea Dooling, Arnaud Desjardins, Ravi Ravindra, Robin Skynner, David Appelbaum, Patrick Decant, Charles T. Tart, Jacob Needleman, Basarab Nicolescu, Roger Lipsey, René Zuber, Michel Conge, Henriette Lannes, René Daumal, Luc Dietrich, Alfred R. Orage, William J. Welch, Annede Vilaine Cambessédès, Manuel Rainoird, Solange Claustres, Jacques Le Vallois, Geneviève Lief, William Segal und Henri Tracol.

Alexander Wewerka

Dritte Auflage

Alexander Wewerka · Fredericiastraße 8 · 14050 Berlin
info@alexander-verlag.com · www.alexander-verlag.com
Umschlaggestaltung: Alexander Wewerka
Satz und Layout: Marc Berger, Antje Wewerka

Druck und Bindung: Interpress, Budapest
Printed in Hungary (January) 2016
ISBN 978-3-89581-060-2

Inhalt

Einleitung: Georg Iwanowitsch Gurdjieff

Bruno de Panafieu

Um das Jahr 1916 herum erschien in St. Petersburg G. I. Gurdjieff, gleichsam der erste aus einer langen Reihe spiritueller Lehrer aus dem Orient. Er sagte: »Nehmen Sie das Wissen des Westens und die Weisheit des Ostens, und arbeiten Sie.« Er unterbreitete Grundlagen zu einem »Institut für die harmonische Entwicklung des Menschen«. Sein Programm führte er mit Hilfe von Gruppentreffen, aber auch sakralen Tänzen, den sogenannten Bewegungen, in verschiedenen Ländern mit unterschiedlichem Erfolg fort bis zu seinem Tod im Jahre 1949 in Paris.

Das Fundament seiner Lehre? Nichts Geringeres als die Erweckung des Bewußtseins. Seine Feststellung hierbei ist, daß wir im Schlaf leben, in der langanhaltenden Hypnose der Mechanität, daß wir jedoch durch persönliche Bemühungen, verbunden mit äußerer Hilfe, dem magischen Kreis entkommen und unsere Weiterentwicklung fortsetzen können, um Menschen im vollen Sinn des Wortes zu werden, die sich der möglichen Größe ihrer Rolle auf der Erde bewußt sind.

Gurdjieff hat die Spuren seiner Entwicklungsjahre sorgfältig verwischt, die wir nur durch eine zum Teil mythische Autobiographie kennen: *Begegnungen mit bemerkenswerten Menschen* (Basel 1992). Das Buch wurde von Peter Brook verfilmt.

Sein Hauptwerk ist *Beelzebubs Erzählungen für seinen Enkel. Eine objektiv unparteiische Kritik des Lebens des Menschen* (München 2000), dessen verwirrender Humor besser ankommt, wenn man es als Erzählung nimmt, die aus der mündlichen Überlieferung hervorging. Gurdjieff ist auch ein reiches musikalisches Werk zu verdanken, das aus der Zusammenarbeit mit Thomas de Hartmann erwuchs. Es steht heute dem Publikum zur Verfügung.

Sein bester Exeget war Piotr Demianowitsch Ouspensky – *Psychologie der möglichen Evolution des Menschen* (Seeshaupt 1995); *Auf der Suche nach dem Wunderbaren: Fragmente einer unbekannten Lehre* (München 1982).

Gurdjieffs Lehre, die heute über den ganzen Planeten verbreitet ist, mit wichtigen unabhängigen Zentren in Paris, London, New York und Caracas, ist bereit, sich den Anforderungen des 21. Jahrhunderts zu stellen.

Die vorliegenden Texte gehören zu einem Sammelband, der 1992 in der Reihe *Les Dossiers H* des Verlags L'Âge d'Homme in Lausanne erschien und Gurdjieff gewidmet ist.[1]

Darin legen fünfzig Menschen aus unterschiedlichen Disziplinen, Berufen und Künsten, die Gurdjieff persönlich oder über Schüler kennengelernt hatten, Zeugnis ab von der entscheidenden Rolle, die er und seine Lehre in ihrem Leben spielten. Unter ihnen drei Theaterleute: Peter Brook, Jean-Claude Carrière und Jerzy Grotowski.

1 Siehe auch die englische Ausgabe: *Gurdjieff. Essays and Reflections on the Man and His Teaching*, New York 1996; die spanische Ausgabe: *Gurdjieff. Textos compilados por Bruno de Panafieu*, Caracas 1997.

Paris, den 19. Januar 2001

Der umfangreiche Band, aus dem diese Aufsätze entnommen sind, zeigt, daß die grundlegenden Wahrheiten in allen Lebensbereichen die gleichen sind. Ob es sich um das Gebiet der Mathematik, des Theaters oder der Musik handelt, die fundamentalen Gesetze, die in ihnen walten, können beobachtet und wiederentdeckt werden. Dies erfordert eine lange und mühsame Suche, für die Gurdjieff in unserer Zeit ein einzigartiger Führer ist.

Bei der Erörterung einer professionellen Tätigkeit, zum Beispiel einer Theatertätigkeit, besteht allerdings immer die Gefahr eines Mißverständnisses. Ein geistiger Weg kann nicht zur Vervollkommnung der eigenen Fertigkeiten und Fähigkeiten benutzt werden. Der Theaterbereich ist kein Ziel an sich. Er ist nur ein Ausgangspunkt.

Peter Brook, 13. März 2001

Die geheime Dimension

Peter Brook

Obwohl Gurdjieffs Lehre in einer sehr alten, verlorengegangenen Überlieferung ihre Wurzeln hat, ist sie auf schneidende Weise zeitgenössisch. Sie analysiert die menschliche Lage mit vernichtender Genauigkeit. Sie zeigt, wie die Männer und Frauen von frühester Kindheit an bedingt sind, wie sie nach festverwurzelten Programmen funktionieren und von Ursache zu Wirkung in einer ununterbrochenen Reaktionskette leben. Diese Reaktionen wiederum bringen einen Strom von Empfindungen und Bildern hervor, die niemals die Wirklichkeit sind, welche sie zu sein vorgeben; es sind bloß Deutungen einer Wirklichkeit, zu deren Verschleierung sie durch ihr ständiges Fließen verdammt sind.

Jede Erscheinung geht aus einem Kraftfeld hervor: Jeder Gedanke, jedes Gefühl, jede Körperbewegung ist das Sichtbarwerden einer spezifischen Energie, und in dem einseitig entwickelten Menschen neigt jede Energie dazu, anzuschwellen, um eine andere zu überwältigen. Diese unaufhörliche »Schaukelbewegung« zwischen Denken, Gefühl und Körper erzeugt eine fluktuierende Reihe von Impulsen, von denen sich jeder irreführend als »Ich« zur Geltung bringt: Da ein Verlangen auf das andere folgt, kann es keine gleichbleibende Absicht, keinen wahren Wunsch geben, sondern nur ein chaotisches Geflecht von Widersprüchen, in dem wir alle leben, in dem das Ego die Illusion von Wille, Macht und Unabhängigkeit hat. Gurdjieff nennt dies »den Schrekken der Situation«.

Seine Absicht ist nicht, zu beruhigen; ihm geht es nur um ein unparteiisches Aussprechen der Wahrheit. Wenn wir den Mut haben, zuzuhören, so führt er uns in eine Wissenschaft ein, die von der Wissenschaft, die wir kennen, sehr weit entfernt ist.

Seit der Renaissance hat unsere eigene Wissenschaft die einzelnen Vorgänge und Mechanismen des Weltalls, vom unendlich Großen bis zum unendlich Kleinen, genauestens erforscht, doch hat sie in verhängnisvoller Weise versäumt, die Dimension der lebendigen Erfahrung in ihre Gleichungen aufzunehmen. Sie läßt das Bewußtsein unberücksichtigt; sie kann weder die Bedeutung der Wahrnehmung erfassen noch den besonderen Geschmack des Denkens. Das höchst abstrakte und rein gedankliche System der mathematischen Symbole vermag in keiner Weise die menschliche Wirklichkeit der künstlerischen Erfahrung oder die Spiritualität der Religion vor Augen zu führen. Infolgedessen haben wir zwei parallele Auslegungen der Wirklichkeit, die sich niemals treffen können: die wissenschaftliche Sprache der Definition und die symbolische Sprache der Wahrnehmung. Wir sind daher, wie es scheint, gezwungen, Partei zu ergreifen, der Wissenschaftler gegen den Humanisten, und unvermeidlich sehen wir uns mit der alten Dualität von Materie und Geist konfrontiert. Die Vorstellung, daß es »etwas« gibt, was keiner berühren, keiner sehen und kein Instrument entdecken kann, ist dem Wissenschaftler natürlich zuwider; für ihn kann das nur »Hokuspokus« sein, und wir können verstehen, daß er in seiner Ungeduld sowohl Metaphysik als auch Spiritualität in denselben Mülleimer des Aberglaubens wirft. Was er an Ersatz anbietet, ist ein scheinbar in sich stimmiges Bild des Weltalls, in dem alles in einer logischen Geschehensabfolge zusammenhängt und das zur Ankunft eines einsamen Zufalls namens

Mensch führt. In diesem Bild endet der Kosmos stets als ein unerschöpflicher, aber sinnloser Dynamo, und jede Energie wird zu einer blinden, gefühllosen Kraft.

Die Vorstellung, daß das Bewußtsein ein integrierender, wesentlicher Bestandteil der Energie ist und daß die Bewußtseinsstufe unweigerlich mit der Schwingungsfrequenz der Energie verbunden ist, läßt sich in der heutigen Wissenschaft nirgendwo finden. Die tiefe Angemessenheit von Gurdjieffs Arbeit ist, daß sie Grundgesetze enthüllt, die den »gesamten Bereich« umfassen, den sowohl Wissenschaftler als auch Künstler Jahrtausende hindurch bearbeitet haben. Dadurch läßt sich jedes Phänomen in seiner Beziehung zu anderen orten, gemäß der Dimension, welche die menschliche Erfahrung mit einschließt: Diese Dimension ist wahrnehmbar; wir erkennen sie, wir sprechen von ihr, dennoch bleibt sie undefinierbar – wir nennen sie »Qualität«.

Qualität ist heute ein viel gebrauchtes und stark entwertetes Wort. Man könnte sogar sagen, es habe seine Qualität verloren. Und gleichwohl leben wir unser gesamtes Leben mit einem intuitiven Gefühl für seine Bedeutung, und es leitet die meisten unserer Haltungen und Entscheidungen. Es ist Mode geworden, »Werturteilen« zu mißtrauen, gleichwohl schätzen wir Menschen, wir reagieren auf ihre Anwesenheit, spüren ihre Gefühle, bewundern ihre Geschicklichkeit, wir verurteilen ihre Handlungen – ob es nun ums Kochen geht, um Politik, Kunst oder Liebe –, wobei wir uns auf ungeschriebene Qualitätshierarchien beziehen.

Nichts veranschaulicht dies besser als jene seltsame Erscheinung, die wir Kunst nennen, die sogar die Natur unserer Wahrnehmungen verwandelt und ein Gefühl des Erstaunens, ja heiliger Scheu in uns öffnet. Einige Schwingungsfrequenzen – Farben, Formen, geometrische Figuren und vor allem Proportionen – rufen entsprechende Frequenzen mit ihrer spezifischen Qualität und ihrem besonderen Geschmack in uns hervor. Es gibt zum Beispiel innerhalb des Rechtecks eine Proportion, die der Goldene Schnitt heißt und die stets ein Gefühl von Harmonie bewirkt, und hier ist wie bei vielen anderen geometrischen Figuren die psychologische Erfahrung untrennbar verbunden mit ihrer mathematischen Beschreibung. Die Architektur hat diese enge Verbindung von Gefühl und Proportion immer beachtet und befolgt, und auf einer intuitiveren Ebene verbessern und verfeinern die Maler und Bildhauer ihr Werk unermüdlich, damit seine grobe äußere Kruste dem wahren inneren Gefühl weichen kann. Ein Dichter prüft alles innerhalb seiner Denkform, er achtet auf unmerkliche Winke des Klangs und des Rhythmus, die irgendwo weit hinter dem Trubel der Wörter liegen, mit denen sein Verstand gefüllt ist. Auf diese Weise schafft er einen Satz, der eine neue Kraft mit sich bringt, und der Leser kann wahrnehmen, wie die eigenen Gefühle intensiver werden, wenn deren Energie durch die Eindrücke umgewandelt wird, die er aus dem Gedicht empfängt. Auf jeden Fall handelt es sich um einen Unterschied in der Qualität, es ist nicht das Ergebnis eines Zufalls, sondern eines einzigartigen Vorgangs.

Die meiste Kunst, die wir kennen, kann man subjektiv nennen, denn sie stammt aus einer individuellen und persönlichen Quelle, doch es gab in der Menschheitsgeschichte Augenblicke, in denen große Werke eine »Objektivität« besaßen, die sie allgemeingültig werden ließ und die von einer Ebene jenseits der persönlichen Erfahrung zur gesamten Menschheit sprach. Was ist diese Ebene? Um sie zu verstehen, müssen wir den Ursprung unserer schöpferischen Impulse untersuchen.

Heutzutage neigen wir dazu, aus Verwirrung heraus alle künstlerischen und religiösen Erfahrungen von einer psychologischen und kulturellen Bedingtheit her zu erklären. Bis zu einem gewissen Grad läßt sich dies leicht bestätigen, aber nicht alle unsere Impulse stammen aus dieser subjektiven Bedingtheit. Wahre Qualität hat eine objektive Wirklichkeit und wird von strengen Gesetzen gelenkt: Jede Erscheinung steigt auf und steigt ab, Stufe um Stufe, gemäß einer natürlichen Werteskala. Ein konkretes Beispiel dafür finden wir in der Musik: Der Übergang von einem Ton zu einem anderen verwandelt dessen Qualität. Was Gurdjieff »objektive Wissenschaft« nennt, macht von der musikalischen Analogie Gebrauch, um ein Weltall zu beschreiben, das aus einer Energienkette besteht, die sich von der tiefsten Oktave bis zur höchsten erstreckt: Jede Energie wird, während sie aufsteigt oder absteigt, umgewandelt und nimmt entsprechend ihrem Platz auf der Tonleiter eine gröbere oder feinere Natur an. Die Energie entspricht auf jeder spezifischen Stufe einem Intelligenzgrad, und das Bewußtsein selbst, innerhalb einer weiten Schwingungsskala schwankend, bestimmt die menschliche Erfahrung.

Gurdjieff spricht nicht nur von Energien, die zu neuen Intensitätsstufen aufsteigen können; er weist auch auf die Wirklichkeit einer höchsten Stufe reiner Qualität hin. Von dieser Quelle aus steigen umgekehrt subtile Energien hinab, um auf die uns bekannten Energien zu treffen und mit ihnen in Wechselwirkung zu treten. Findet diese Vermischung des Reinen mit dem Groben statt, so kann sie die Bedeutung unserer Handlungen verändern sowie den Einfluß, den sie auf die Welt ausüben.

Das, was wir das gewöhnliche Leben nennen, spielt sich in einem Feld von Energien ab, dessen Grenzen streng definiert sind, und es kann, um die musikalische Metapher zu gebrauchen, nur innerhalb einer kleinen Anzahl von Oktaven auf- und absteigen. Unter diesen Bedingungen ist das Niveau unseres Bewußtseins niedrig, die Kraft unseres Denkens begrenzt, und die Energien erzeugen wenig Weitsicht, wenig Zielstrebigkeit. Gurdjieff legt dar, daß es in jeder Oktave zwei bestimmte Punkte gibt, wo eine sich entwickelnde Bewegung zum Halt kommt oder, genauer gesagt, wo es ein Intervall gibt, das nur durch Einführung einer neuen Schwingung von der genau notwendigen Qualität und Stoßkraft überbrückt werden kann. Andernfalls wird, da im Weltall nichts unveränderlich bleiben kann, die aufsteigende Energie unvermeidlich wieder zu ihrem Ausgangspunkt hinabsinken. Dies ist eine erstaunliche und radikale Vorstellung: Sie bedeutet, daß sich alle Energien und mithin alle menschlichen Handlungen aus eigener Initiative nur bis zu einem bestimmten Punkt erheben können, wie der in den Himmel geschossene Pfeil an einem bestimmten Punkt die Kraft des Impulses, die ihn hochschleuderte, verbraucht hat, so daß er seinen Höchstwert erreicht, sich nach unten neigt und wieder zur Erde fällt. Wenn jedoch der kritische Punkt, wo die anfängliche Energie zu schwinden beginnt, genau beobachtet werden kann, so kann an diesem Punkt das eintreten, was Gurdjieff einen »Schock« nennt – das heißt die bewußte Einführung eines neuen Impulses, der die aufsteigende Bewegung über die unsichtbare Barriere hinwegträgt und ihr erlaubt, ihre aufwärts gerichtete Bahn fortzusetzen. Anhand dieses Bildes können wir verstehen, warum sich ohne einen solchen Schock die Unternehmungen der Menschen auflösen und Reiche verfallen, warum sich beste Prognosen als falsch erweisen und heroische Revolutionen umschlagen und ihre großen Ideale verraten. Dieselben Gesetze zeigen, daß eine bestimmte, präzise angesetzte Kraft diese Rückkehr zum Nullpunkt hätte verhindern können. Doch das grundlegende Prinzip wird selten erkannt, und so bleibt uns nur, verbittert und enttäuscht anderen und uns selbst die Schuld zu geben.

Wenn jedoch die Energien, die am Werke sind, im entscheidenden Augenblick mit Energien einer anderen Art in Beziehung treten können, so ereignet sich eine Qualitätsveränderung, die zu intensiven künstlerischen Erfahrungen und zu sozialem Wandel führen kann. Aber der Vorgang endet hier nicht: Indem es sich mit Energien vermischt, die durch die Intensität ihrer Schwingungen verfeinert wurden, steigt das Bewußtsein zu einer höheren Oktave auf, die über die Kunst hinausgeht und ihrerseits zu geistigem Erwachen – unter Umständen sogar zur absoluten Reinheit, zum Heiligen – führen kann; denn das Heilige läßt sich ebenfalls im Sinne von Energien begreifen, allerdings von einer Qualität, die unsere Instrumente nicht aufzuzeichnen vermögen.

In allen esoterischen Überlieferungen findet man die Unterscheidung zwischen einer höheren Ebene und einer niedrigeren Ebene, zwischen Körper und Geist. Gurdjieff stellt diese Unterteilung in einen ganz anderen Zusammenhang. Der Mensch, sagt Gurdjieff, wird nicht mit einer fertigen Seele geboren, er wird unvollendet geboren. Die Seele ist stofflich wie der Leib, die Materie ist Energie, und jeder Mensch kann im Körper aus eigener Kraft durch bewußte Bemühungen feinere Substanzen entwickeln. Aber dies ist nicht leicht. Und weder eine fromme Gesinnungsart noch eine grimmige Entschlossenheit sind ausreichend.

Die Umwandlung eines Menschen beginnt nur dann, wenn die Quellen im Körper, die Gurdjieff als »Zentren« bezeichnet und aus denen Bewegungen, Gedanken und Gefühle hervorgehen, aufhören, krampfartige und unkontrollierte Energieexplosionen hervorzurufen, und anfangen, gemeinsam harmonisch zu funktionieren.

Da erscheint dann zum ersten Mal eine neue Qualität, die Gurdjieff »Anwesenheit« nennt. Und in dem Maße, wie die Intensität dieser Anwesenheit zunimmt, wird die Matrix unserer Reaktionen und

Wünsche, die wir das Ego nennen, nach und nach elastisch und durchsichtig, und in der Mitte unserer automatischen Verhaltensstruktur bildet sich ein neuer Raum, in welchem eine echte Individualität entstehen kann.

Doch wir können uns nicht allein umwandeln. Wir sind in der Schablone unserer Bedingtheit, in unserer eigenen auf- und absteigenden Oktave eingeschlossen und werden durch die gleichen unüberwindbaren Intervalle blockiert. Wir brauchen Hilfe. Ein Lehrer ist unerläßlich, und es gibt viele Bereiche, die seine Aufmerksamkeit erfordern. Einige Lehren zielen darauf ab, die Vorherrschaft des Körpers zu zerstören, andere versuchen, die Gefühle zu einem Zustand ekstatischer Hingabe aufsteigen zu lassen, wieder andere bemühen sich um die Leere des Geistes. Es gibt viele, wo die einfache Anwesenheit des Lehrers ausreicht, um die Schüler in einen neuen inneren Zustand zu heben. Gurdjieffs Lehre wirkt sich gleichzeitig auf alle Aspekte der Psyche aus: auf den Geist, die Gefühle und den Körper. Sie verwirft die Passivität, die aus einer naiven Abhängigkeit vom Lehrer entstehen kann.

Gurdjieff gebraucht häufig das Bild des Schauspielers als Metapher für den voll entwickelten Menschen. Er spricht davon, es gelte, im Leben eine Rolle zu spielen, alle Forderungen zu erfüllen, die die wechselnden Situationen mit sich bringen, sie vollständig auf sich zu nehmen, ohne dabei die innere Freiheit zu verlieren. Dies ist genau das, was von einem guten Schauspieler erwartet wird. Da das Theater die Bewegungen des Lebens in einer besonders konzentrierten und leicht erkennbaren Form zeigt, ist es ein ideales Labor, in welchem die Ideen Gestalt annehmen und augenblicklich überprüft werden können.

Ein guter Schauspieler glaubt niemals, daß er die Rolle ist, die er spielt. Ein schlechter Schauspieler stürzt sich mit Leib und Seele in seine Interpretation – so sehr, daß er sich vollständig darin verliert. Oft tritt er mit der Überzeugung ab, er habe sein Bestes gegeben, während es für alle um ihn herum klar ist, daß er übertrieben, künstlich und unaufrichtig war. Doch dies wird ihm in keiner Weise bewußt, denn er ist blind: Da es zwischen ihm und dem Bild, das er projiziert, überhaupt keine Distanz gibt, ist er durch das verschluckt worden, was Gurdjieff »Identifikation« nennt. Umgekehrt, je besser der Schauspieler, desto weniger identifiziert er sich mit seiner Rolle, und je weniger er sich identifiziert, desto tiefer vermag er – ein scheinbares Paradox – engagiert zu sein. Er ist wie die Hand in einem Handschuh, getrennt, gleichwohl untrennbar verbunden; die Rolle durchdringt jede seiner Zellen, doch sie hält ihn keineswegs gefangen; innerlich ist er frei und hellwach. Ein Anfänger kann diese Freiheit niemals erreichen; er ist Gefangener seiner Ungeschicklichkeit, seiner Ängste, seines Unverständnisses und seines Verlangens zu gefallen. Er muß üben, muß sich trainieren; und obwohl sie nicht mit diesen Worten ausgedrückt wird, ist die alltägliche Arbeit in jeder Theaterschule, wie immer deren Stil sein mag, ganz einfach ein Streben nach Qualität. Instinktiv erkennen dies alle Beteiligten, und es zeigt sich durch ganz gewöhnliche, nüchterne Wörter wie »gut«, »nicht so gut«, »besser«, »schlecht«. Diese Wörter können sich auf Körperbewegungen beziehen, zu anderen Zeiten auf das Gefühl, den Spielrhythmus, die Klarheit des Denkens, aber es ist ausnahmslos die »Qualität«, die man anerkennt, und der Schauspieler streckt sich intuitiv in die Höhe, bis eine größere Empfindsamkeit seinen Organismus erfüllt. Nur dann kann die

Rolle einen umfassenderen Eindruck von Wahrheit vermitteln. Wahrheit mag wohl undefinierbar sein, doch sie ist etwas, was jeder Zuschauer sofort erkennt.

Für das Publikum ist die Qualität das einzige Kriterium. Während ein Schauspieler spielt, strahlt er ständig einen Energiestrom aus, der die Qualität der Aufmerksamkeit der Zuschauenden unmittelbar beeinflußt. An bestimmten, seltenen, intensiven Höhepunkten vereinigen sich Schauspieler und Publikum, die Trennung zwischen Bühne und Zuschauerraum löst sich auf, und die einzelnen Egos bilden kein Hindernis mehr für eine von allen geteilte Erfahrung. Wenn sich solche Augenblicke der Gnade ereignen, herrscht eine ganz besondere Stille.

Was ist diese Stille? Wie kann man sie bestimmen? Es gibt viele Formen der Stille. Zu Beginn einer Aufführung gibt es eine raschelnde Stille: Tausend Menschen sitzen da beieinander, jeder einzelne teils bereit, teils von dem Gesumme der eigenen Gedanken und Sorgen gefangen. Dann gibt es jene Stufen der Stille, die wir nacheinander durchqueren, während unsere Gefühle berührt werden, Gefühle, die wir immer mehr mit denen um uns herum teilen, bis wir in einer gemeinsamen Empfindung miteinander verbunden sind. Manchmal verändert sich die Qualität der Stille, sie wird tiefer und tiefer, bis sie schließlich jenen köstlichen Punkt erreicht, an dem man das Fallen einer Nadel hören kann, wo die Stille voll ist und zugleich leer und wo bei einigen seltenen Gelegenheiten das Publikum, wie ein einziges Lebewesen, in eine Leere von großer Intensität und Schönheit eintritt. Diese Erfahrung zeigt uns die genaue Natur einer aufsteigenden und absteigenden Werteskala – und hilft uns begreifen, daß die Qualität etwas Wirkliches ist.

Dennoch kann uns die Kunst, welche Form sie auch annimmt, nur Spiegelungen verborgener Wirklichkeiten geben, flüchtig und partiell. Sie vermag niemals ein dauerhaftes Verständnis zu bewirken. Der wahre Wert der Kunst liegt nicht im dem, was sie ist, sondern in dem, was sie andeutet. Sie ermöglicht uns, neue Bewußtheitsebenen in uns zu entdecken, die zum höchsten Bewußtseinsbereich aufsteigen können, wo alle Bilder nur noch fliehende Schatten sind.

Wenn wir das Geheimnis der Qualität nicht beachten, so empfinden wir auch nicht unsere lebendige Beziehung zum Kosmos, und dies zwingt uns, den Menschen als einen Zufall im Weltall anzusehen. Auch wenn Biologen und Psychologen anerkennen, daß der Mensch eine »emotionale Natur« besitzt, sind sie genötigt, diese als ein Nebenprodukt, als eine Angstreaktion auf die Sinnlosigkeit zu erklären. Auf diese Weise erscheint alles, was der Mensch hervorbringt, von der Hütte bis zur Kathedrale, von den Höhlenzeichnungen bis zur großen Kunst und schließlich zur Religion, als mehr oder weniger anspruchsvolle Abwehrmaßnahmen gegen die Furcht vor dem Chaos.

Die geistige Erfahrung verleugnet keineswegs die Urangst, sie enthüllt vielmehr durch direkte Erfahrung eine andere Leere. Diese Leere hat keinen Namen; auch sie ist allumfassend, ist unendlich und zeitlos, und von ihrer höchsten Schwingung geht die feinste Energie aus, die sich in der Welt der Zeit ausbreiten kann. So wird unsere Möglichkeit zur Erfahrung sowohl von oben als auch von unten ernährt, und zwar durch das, was wie zwei miteinander verbundene Felder aussieht, deren Qualitäten völlig gegensätzlich sind; wie zweierlei Stille innerhalb einer Stille, die vom Bewußtsein belebte Stille und die dumpfe, bleierne Stille. Zwischen den beiden steigen die Tonleitern unserer Existenz auf und ab.

Wir haben dies intuitiv immer gewußt. Es wurde in verführerischen Worten und faszinierenden Ideen oft geäußert, doch nur wenn es in lebendige Erfahrung verwandelt ist, hat es Bedeutung. Ein Qualitätswandel geschieht nicht durch Zufall; ein Qualitätswandel des Wesens ist das Ergebnis eines genauen Vorgangs. Dieses Wissen, das den Graben zwischen Wissenschaft und Menschsein überbrückt, versuchte Gurdjieff durch entschlossenes Arbeiten dem heutigen Menschen zu vermitteln. Es kann uns aus der eisigen Welt der Mechanik und des Behaviorismus herausführen in ein Universum, in welchem alles seinen Platz findet, sobald es von der Klarheit des Verstehens erhellt wird. Dieses Verstehen ist keine Theorie; es ist Vision, und die Vision ist lebendig. Es zeigt uns die unaufhörlichen und unvermeidlichen Bewegungen hin zur Qualität und von ihr fort. Es besteht eine Freude an der entdeckten Qualität und ein Leiden an der verratenen Qualität, und diese beiden Erfahrungen werden zu den treibenden Kräften, die unsere Suche unablässig erneuern.

Die innere Suche
Der Schauspieler als Begleiter

Jean-Claude Carrière

Selbsterinnerung, Rückkehr zu sich selbst. Gurdjieff sagte es mit Nachdruck. Dies ist das Wesentliche, daß wir ohne sie von jeder Wahrnehmung, von jedem Wissen, jedem Handeln, sogar vom Dasein selbst, ob dem unseren oder dem der Welt, ausgeschlossen bleiben; haben wir doch nur diesen flüchtigen Anhaltspunkt, der umgeben ist von einer Heerschar von Täuschungen, um nach dem Unbekannten zu greifen.

Sich suchen, sich mit Strenge, Humor, Erfindungsgabe und Ernst unablässig suchen. Sich in der Hoffnung auf ein »Werden« suchen, denn jede Suche, die nicht zu innerer Wandlung führte, wäre dummes Zeug. Suchen, indem man sich einerseits auf die volkstümliche Weisheit stützt, verkörpert in dem unschätzbaren Mullah Nasreddin[1] und seinen verwirrenden Maximen, und andererseits auf die Beziehung zu einem wirkungsvollen Führer, der als

1 Der volkstümliche türkische Hodscha (Priester) und Philosoph Nasreddin,

Freund einen Blick auf uns richtet: als »Freund unseres Wesens«.

Es gilt, bei dem unerläßlichen Eintauchen in sich selbst sich vor allem übrigen kategorisch zu hüten.

Nehmen wir als Hypothese zunächst Gurdjieffs Idee, daß die aus »dreigehirnigen Wesen« bestehende Menschheit einstmals mit einem eigenartigen Organ ausgestattet gewesen sei, das sich am Schwanzansatz befand (zu einer Zeit, da wir noch einen Schwanz hatten), dem *Organ Kundabuffer*. Dieses Organ (dessen Name auf die zentrale Yogikraft, die *Kundalini*, hinzuweisen scheint) hatte eine einfache Funktion: uns daran zu hindern, die Wirklichkeit zu sehen. Genauer gesagt: uns Eingebildetes, Illusorisches mit dem Wirklichen verwechseln zu lassen. Und uns davon zu überzeugen, daß das, was wir sehen, hören, wahrnehmen und verstehen, ob es sich nun um uns selbst handelt oder um die übrige Welt, die einzig wahre Wirklichkeit darstelle.

Später verschwand, so berichtet Gurdjieff, auf höheren Befehl hin dieses Organ aus unserem Körper, doch auf Grund einer Art »erblichen Anlage« machen sich seine Wirkungen bei fast allen unseren Mitmenschen bis auf den heutigen Tag bemerkbar.

dessen angebliches Grab man noch heute in Konya zeigt, ist der Held vieler Anekdoten und Schwänke, die 1837 erstmalig gesammelt und aufgezeichnet wurden. Die verblüffenden Bemerkungen des »türkischen Eulenspiegels« über alltägliche Ereignisse bringen den Zuhörer zum Lachen und Nachdenken. (Zitiert aus: *Lexikon literarischer Gestalten*, Kröner 1990.) Siehe auch Nasreddin Hodscha, *666 wahre Geschichten*, dt. u. hg. v. Ulrich Marzolph, München 1996. (A. d. Ü.)

Wir glauben weiterhin, daß die Welt, so wie sie uns erscheint, wirklich wäre – trotz des heilsamen Eingreifens einiger »Gesandter von Oben«, der Begründer unserer Religionen, deren Bemühungen jedoch sogleich wieder zunichte gemacht wurden.

Dieses Organ übt allemal eine wahrhaft hypnotische Macht auf uns aus, die in einer tiefen Suggestion zum Ausdruck kommt. Und wir sind unter unseren trügerischen Gewißheiten so tief begraben, daß uns die Vorstellung, sie zu verlassen, absurd vorkommt. Der Mensch schläft, und er sagt: »Ich bin wach. Warum sollte ich aufwachen?«

»In Wirklichkeit ist Kundalini«, so schrieb Ouspensky, »die Macht der Einbildung, die Macht der Phantasie, *die die Stelle einer wirklichen Funktion einnimmt.* Wenn ein Mensch träumt, anstatt zu handeln, wenn er sich einbildet, ein Löwe, ein Adler oder ein Magier zu sein, so ist es die Kraft der Kundalini, die in ihm wirkt. ... Kundalini ist eine Kraft, die in die Menschen gelegt wurde, um sie in ihrem jetzigen Zustand festzuhalten.«[2]

So glauben wir, ermutigt durch verführerische Worte von Sokrates, Descartes und Freud, weiterhin, daß wir uns selbst erkennen können und uns

2 P. D. Ouspensky, *Auf der Suche nach dem Wunderbaren: Fragmente einer unbekannten Lehre* (Bern, München, Wien [4]1982) S. 321 f.

folglich erkennen – denn diesen Schritt vollzieht man schnell. Unsere Eitelkeit ist so groß, unser Geist so leichtfertig, daß wir in ganz bestimmte Bilder eingezwängt leben, wir, die wir nur Nebel sind.

Dieser Wahn, der in bezug auf die Welt häufig auftritt (»Ich kenne Mexiko«, »Ich kenne Rabelais«), erweist sich als noch schwerer wiegend, wenn wir zu uns selbst kommen, sind wir doch alle überzeugt, uns besser zu kennen, als die anderen uns kennen. Seit langem weist man darauf hin – das *Mahâbhârata* spricht wiederholt davon –, daß, wenn es auch vorkomme, daß sich einige von uns über ihre Gesundheit, über die Schwäche ihrer Glieder und sogar über häßliche Gesichtszüge beklagen, sich keiner je über seine Intelligenz beklage. Unser persönliches Urteil über uns ist stets das beste auf der Welt. Es ist die übliche selbstgefällige Zufriedenheit, bei der der Geist den Geist bewundert und die jedes Fortschreiten verhindert.

Daher hören wir in der einen oder anderen Form jeden Tag, wie uns jemand sagt: »Ich bin dies, ich bin jenes«, und gleichwohl nehmen wir etwas ganz anderes wahr. Entweder irrt er sich, oder er lügt. Unsere Sicht von diesen Menschen ist anders, manchmal sogar der seinigen entgegengesetzt. Da ist das offenkundige Mißverständnis in einem Theaterstück oder einem Film, wenn sich Figuren endlos wechselweise an Charakteranalysen versuchen, Analysen, die uns stets willkürlich, oberflächlich und offensichtlich falsch vorkommen (»Die Psychologie, eine willkürliche und blindmachende Beschäftigung«, sagte Buñuel) – falsch ganz einfach deshalb, weil unser Gesichtspunkt in bestimmten Augenblicken anders ist und wir nicht mit ihnen übereinstimmen. Wir sehen sie nicht so, wie sie nach ihrem Dafürhalten sind.

Die ererbten Folgen des »Organs Kundabuffer« sind im Hinblick auf eine eventuelle innere Suche (bei der es sinnlos wäre, im voraus darüber zu entscheiden, was wir finden werden) um so gefährlicher und raffinierter, als die gewöhnlichen Instrumente dieser Suche – Denken, Überlegung, Selbstbeobachtung – gewissermaßen an sich selbst arbeiten. Das Denken verbreitet so ununterbrochen seine eigene Illusion, die darin besteht, zu glauben, es würde denken, – so wie sich das Bewußtsein, um eine andere Terminologie zu gebrauchen, leicht davon überzeugt, daß es wach ist, aufmerksam und frei.

Genauer gesagt: Das Denken bildet sich ein, es könne sich von sich selbst unterscheiden und sich wie einen abgesonderten, unbeweglichen Gegenstand von außen betrachten; während es, ganz im Gegenteil, untrennbar mit sich verbunden ist, ständig in Bewegung und unbestimmbar.

Da wir heute überzeugt sind – die Neurologen bestätigen es uns, und eine Ahnung davon hatten wir schon seit Jahrtausenden –, daß unser Gehirn, dieser wunderbare Organismus, allzu oft auch jenes große, faule Etwas ist, das vor allem (bisweilen »wahnsinnig«) Vereinfachungen und Verkürzungen liebt – ein eingeschlafenes Wunderwerk, gern bereit, dem ersten Rauchzeichen eines geschickten oder grellen Wortes, je nachdem, nachdrücklich beizupflichten, denn es ist ebenso furchtsam wie faul –, so sind die Fallen bei diesem Eintauchen ins Innere vielfältig: Wunder, die uns in dieser oder jener Phase begeistern und lähmen; Zerrspiegel, die wir für zuverlässig halten; Abgründe, die wir lieber umgehen oder, mit einer silbernen Augenbinde geschützt, auf einem schmalen Steg überqueren. Eine chaotische Landschaft in unausstehlicher Unordnung, wo unser Hauptwunsch dahin geht, eine beruhigendere Kohärenz herzustellen, eine akzeptable Landkarte zu entwerfen, die unsere Reise leicht macht. Leicht und zweifelhaft.

Bei dieser notwendigen Erforschung eines »Hauses, das seinen Herrn erwartet« – denn ohne sie wäre es zwecklos, das übrige erkennen zu wollen, das nur durch uns existiert, anders gesagt in Gurdjieffs Worten: »Um aufzuhören, eine Maschine zu sein, muß man die Maschine kennenlernen« –, bei dieser Forschung ist alles so beschaffen, daß es uns daran hindert, in die Weite zu blicken. Unser Gehirn, sofern es bei diesem Abenteuer zunächst ums Gehirn geht, spielt sich selbst Streiche, gleich einem Zauberkünstler, der über seine Kunst staunte und sich ernsthaft für einen Wundermann hielte, um sich dann, am Ende seiner Nummer, unermüdlich Beifall zu klatschen.

Vom Gehirn geht, wenn man es provoziert, ein zusammenziehbares Denken aus, ein Schneckendenken, weichlich und ausweichend, das sich wieder und wieder sich selbst zuwendet, sich in wohlklingende Wörter verfängt, sich verlangsamt, seinen Weg vergißt, so daß schließlich die Versuchung, hier und da Halt zu machen, sehr schnell unwiderstehlich wird. Dies wußte Farid Udin Attar, und er sprach es aus, als sich im *Mantiq ut-tair*[3] die ungeduldigen Vögel aufmachten, die sieben Täler zu durchqueren:

3 Attar, *Vogelgespräche und andere klassische Texte*, vorgestellt von Annemarie Schimmel, München 1999. (A. d. Ü.)

»Alles, was dich zurückhält, wird zu deinem Götzen.«

Unser Gehirn wirft sich häufig sich selbst zu Füßen. Was aus ihm hervorging, verehrt es umgehend. Es bemerkt nicht mehr, daß es Anbeter und Angebetetes zugleich, Werkzeug wie auch Hindernis ist.

Die Arbeit an der Abfassung und Verwirklichung eines Schauspiels oder eines Films, die darin besteht, sich indirekt auszudrücken mit Hilfe eines Regisseurs, einer Gruppe von Technikern und Schauspielern, erlaubt in mancher Hinsicht eine dem inneren Abenteuer verwandte Überlegung.

Was gilt es zu finden? Anfangs weiß dies keiner. Niemand kann sagen, ein Schauspiel von Shakespeare oder Tschechow sei zu diesem oder jenem *Zweck* geschrieben worden. Das Bestreben dieser Stücke geht dahin, lebendig und wahrheitsgetreu zu sein, aber sie hüten sich davor, zu illustrieren, zu erklären. Sie wollen nichts verkünden. Würden sie eine These, eine Idee darlegen, dann bedürfte es keines Schauspiels. Ein Buch würde ausreichen, wie es deren so viele gibt.

Diese Dramen – auch andere, und Filme ebenfalls – bieten eine vibrierende, unbestimmbare und jeder Analyse, selbst der durchdringendsten, widerstehende Ganzheit. Es ist unmöglich, wie an die Darlegung eines Gedankengangs an sie heranzugehen. Hieße dies doch, sie einzuschränken, sie abzuwürgen – eine ständige Versuchung der Idolatrie. Schmalspurregisseure. Hier wie auch anderswo, vielleicht mehr noch als anderswo, trifft das alte Wort des Maulana[4] zu: »Verständnis heißt, nicht zu verstehen.« Dieses Wort enthält offensichtlich einen Widerhall von Lao-tses »Wissen ist nicht Verstehen«.

Jede wahre Erkenntnis – ganz besonders die Selbsterkenntnis – nähert sich früher oder später einem unbekannten Ufer. Wir müssen, so sagt uns Maulana, versuchen, alles mit dem inneren Ohr zu hören. Und er fügt übrigens hinzu: »Die Perle kannst du nicht erkennen, indem du das Meer betrachtest. Willst du die Perle erkennen, so mußt du tauchen.« Doch wie kann man tauchen? Und an welcher Stelle? Mit wessen Hilfe? Gibt es eine Methode?

Die Arbeit, die man mit Schauspielern teilt, zeigt uns deren Schwierigkeiten. Ein verständlicher Bereich ist zu Beginn der Proben unerläßlich. »Es nützt nichts, loszulegen, ehe man versteht«, pflegt Peter Brook den Schauspielern zu sagen, die durch Leich-

4 Dschalaladdin Rumi (1207–1273), persischer Dichter und Mystiker. Sein Titel Maulana (pers.) bzw. Mewlana (türk.), das heißt Meister, war der Namensgeber für den *Sufi*-Orden der Mewlewi, der »tanzenden Derwische«. Rumis Hauptwerk erscheint unter dem Titel *Der Phrophet der Liebe. Das Matnawi*. 3 Bände, aus dem Persischen von Bernhard Meyer/Kaveh Dalir Azar/Jilla Dalir Azar, Köln 1999–2000. (A. d. Ü.)

tigkeit und Begeisterung gefährdet sind. Man versucht es zunächst mit einer ruhigen Herangehensweise, mit einer hellsichtigen, überlegten Lektüre, wäre es auch nur, um das Unklare, das Widersprüchliche aufzudecken, all das, was Schwierigkeiten bereitet.

Doch die schlimmste (wie auch am weitesten verbreitete) Illusion – das schädlichste Wirken des »Organs Kundabuffer« – besteht darin, uns von folgendem zu überzeugen: diese intellektuelle Zugangsweise sei hinreichend, es genüge eine intelligente Analyse, und das Spiel des Schauspielers sei nur das In-Form-und-Stimme-Gießen einer Idee, die zuvor vom Verstand durchgekaut wurde.

Das stets vereinfachende Gehirn kann niemals aus sich selbst heraustreten, auch wenn es sich gern durch außerordentliche Genauigkeit schmeichelt, denn es ist ängstlich wie ein alter Fisch. Von seinen Überlegungen berauscht, überhäuft von Gründen, die in der richtigen Ordnung miteinander verknüpft sind, vermag das Gehirn niemals zur Gesamtheit des Lebens zu gelangen. Es ist eine Figur, die vor unseren Augen durch den Schauspieler in Erregung gerät, die zu uns spricht, sich bewegt, gestikuliert, die jedoch nicht lebt.

Man muß zu dem anderen Bereich oder zu anderen Bereichen gelangen, denjenigen, die die Analyse weder durchdringen noch umgrenzen kann, zu den Tiefen, wo sich das wahre Geheimnis verbirgt. Das mehr oder weniger klare Verständnis setzt da aus, muß in einer bestimmten Phase aussetzen. Unterhalb davon (oder oberhalb oder rundherum) gilt es, den Nebel bestehen zu lassen, ihn vor den Scheinwerfern der Intelligenz zu behüten. Denn dort ist das wahre Leben, das vollständige Leben, das Leben, das man nur durchs Handeln, nur durch das Spiel erforscht. Alle guten Schauspieler wissen es: Nach den vielfältigen Übungen und Forschungen kommt schließlich der Augenblick, wo man loslegen muß, wie in die Flamme verliebte Schmetterlinge, ohne der Rückkehr ganz sicher zu sein. Die Erkenntnis der Figur, die wahre Erkenntnis, hat als Preis dieses Risiko. Eine genauso überwältigende wie flüchtige Erkenntnis, die einen beim Abgang von der Bühne in einer Art Benommenheit läßt. Wird man sie am nächsten Tag wiederfinden? Man weiß es nicht. Ouspensky drückt es gut aus, indem er Sätze Gurdjieffs zitiert:

»Sie werden ... sehen, daß Sie denken, fühlen, handeln, sprechen, arbeiten können, *ohne sich dessen bewußt zu sein*. Und wenn Sie lernen, in sich selbst die Augenblicke von Bewußtsein und die langen Zeitspannen des Mechanisiertseins zu *sehen*, dann werden Sie ebenso sicher auch in anderen erkennen, ob sie sich dessen, was sie tun, bewußt sind oder nicht.«[5]

5 P. D. Ouspensky, op. cit., S. 169.

Man kann von der Lage des Schauspielers nicht besser sprechen. Freilich führt diese Vorgehensweise (die in einigen Fällen eine Technik ist) sogleich zu einer anderen Gefahr, der Gefahr, »gepackt« zu werden, führt zu jenem eigenartigen unbewußten Zustand, der dem Verhaftetsein verwandt ist und den Gurdjieff heftig anprangert. Dies verdient ein längeres Zitat:

»Es ist notwendig, die Identifizierung bis in ihre Wurzeln hinein in einem selbst zu sehen und zu studieren. Die Schwierigkeit des Kampfes mit der Identifizierung wird noch durch die Tatsache vermehrt, daß, wenn Menschen sie in sich beobachten, sie diese für einen sehr guten Zug halten und sie ›Begeisterung‹, ›Eifer‹, ›Leidenschaft‹, ›Spontaneität‹, ›Inspiration‹ oder ähnlich nennen und annehmen, daß nur in einem Zustand der Identifizierung ein Mensch wirklich gute Arbeit, ganz gleich auf welchem Gebiet, leisten kann. In Wirklichkeit ist dies natürlich eine Täuschung. … Ein Mensch wird zu einer Sache, zu einem Stück Fleisch; er verliert sogar die letzte Ähnlichkeit mit einem menschlichen Wesen, die er noch hat. Im Osten, wo die Leute Haschisch und andere Rauschgifte rauchen, kommt es oft vor, daß ein Mensch sich so mit seiner Pfeife identifiziert, daß er beginnt, sich selbst für eine Pfeife zu halten. … Das ist Identifizierung. Und daher sind Haschisch und Opium ganz unnötig. Schauen Sie die Leute in den Läden, in Theatern, in Restaurants an; oder sehen Sie, wie sie sich mit Worten identifizieren, wenn sie über etwas streiten oder etwas zu beweisen suchen, vor allem etwas, was sie selbst nicht wissen. Sie werden selbst zu Gier, Begierden oder *Worten*; und von ihnen selbst bleibt nichts übrig.«[6]

6 Ibid., S. 218 f.

Greifen wir mit aller Vorsicht eine alte Analogie wieder auf, die so viel wert ist, wie sie wert ist: Wir sind unser eigener Schauspieler. Wir spielen ununterbrochen unsere Rolle, wir bauen unsere Maske und tragen sie recht und schlecht, selbst wenn es sichtbar wird, daß es eine Maske ist. Wir sind unser eigener Regisseur, unser Schattenspieler und unser erstes, unser teures Publikum.

Die Analogie hat deutliche Grenzen. Gleichwohl kann der Vergleich nützlich sein. Die Arbeit mit den

Schauspielern und die unvergleichlichen blitzartigen Einsichten, die dabei auftauchen, können denen vieles sagen, die sie nicht praktizieren; und zwar zunächst, daß die Wahrheit einer lebendigen Figur, auf der Bühne und außerhalb der Bühne, immer zumindest doppelt ist, und Gurdjieff würde sagen: dreifach. Sie ist eine Verbindung, eine Zusammenfügung verschiedener Ebenen und nicht deren Trennung und Abkapselung. Sie ist in jedem Augenblick Bewußtheit und Unbewußtheit. Sie ist eine unaufhörliche Beweglichkeit, die unsinnig und willkürlich erscheinen mag, eine Suche, eine Ungewißheit, die in bestimmten Augenblicken Form annehmen muß, die sich präzisieren und fixieren muß, andernfalls wird jegliche Darstellung unmöglich.

Im Film ist diese Fixierung endgültig. Es ist eine Schwäche dieser Ausdrucksform, denn die Welt ist in Bewegung, die Moden wandeln sich wie die Geschmäcker, und das Spiel eines Schauspielers, der uns heute verzaubert, mag uns eines Tages veraltet vorkommen. Im Theater wird an dieser Fixierung, in den besten Fällen, nicht peinlich genau festgehalten. Sie läßt tagtäglich Platz für Veränderung, für ein unmerkliches Eindringen des Lebens diesen einen

Tages, für eine einzigartige Begegnung zwischen Publikum und Schauspielern, eine Begegnung, die so nicht wieder eintritt, die die Wahrheit diesen einen Abends ist, nur dieses Abends, denn bereits am nächsten Tag hat sich die Welt geändert wie auch das Publikum, das ein Bestandteil derselben ist.

»Wer andere kennt«, sagte Lao-tse, »ist klug. Wer sich selbst kennt, ist weise.«[7] Daher müssen wir bei unserer inneren Suche wohl wie einige lebensvolle Schauspieler eine gewisse Fixierung erreichen, ohne zu erstarren, müssen im Wissen um unsere Abgründe hellsichtig bleiben. Und wir müssen uns auch, gleich dem Schauspieler, in jedem Augenblick an eine Handlung wagen, die noch nicht existiert, die nur mit uns, durch uns Existenz annimmt, an eine Handlung, bei der ich Gebärden und Entgegnungen verändern kann, an eine ungenaue und trotzdem auswendig (oder fast auswendig) gelernte Handlung mit möglichen Abwandlungen und Fehlern. Die kalte Bewegungslosigkeit des Beobachters, von der uns die Wissenschaftler heute sagen, daß sie selbst im Labor utopisch sei, kann unseren inneren Zuständen nicht entsprechen. Diese zu dämpfen hieße, sie auszulöschen. Sie müssen in ein und demselben

7 Aus dem Daodejing (Tao te king), Spruch 33. (A. d. Ü.)

Augenblick erlebt und erkannt werden. Sonst ist es nach dem Ende des Stücks zu spät.

Es handelt sich um ein widersprüchliches und schwieriges, um ein sehr schwieriges Einüben. Diesen Weg nennt Gurdjieff »den Weg des schlauen Menschen«. Er ist die höchste Anpassung nicht nur an die sich wandelnde Welt, sondern auch an die Weise, wie sie sich wandeln könnte. Er ist eine – subtile und feste – Wandlung, die sich von einer anderen Wandlung durchdringen läßt. Es ist die überlegene Schläue des Odysseus, aber auch die Krishnas. Es ist die unerklärliche Fähigkeit, durch die man bei jeder Suche, in jedem Kampf einen unvermuteten Durchgang zu finden vermag zwischen zwei Mauern, die sich wie zu einer einzigen zusammendrängen.

Woher kommt diese unerwartete Schlauheit, die dem Geist – jenem schlappen und verblendeten Geist – Hilfe bringt? Und wie kann man sie erlangen? Wie vor allem sie finden und nicht verlieren? Wie können wir das, was wir über uns erfahren, in dem Augenblick, da wir es erleben, nie wieder vergessen?

Die Kräfte des Vergessens und vor allem der Selbstvergessenheit sind erdrückend. Die Verführung, passiv wie »ein Stück Fleisch« zu sein, ist stark.

Und bequem. Und so hartnäckig. Dies ist wohl der Grund, warum, um Worte Gurdjieffs aufzugreifen, »die Menschen keine Menschen sind«, warum sie sich so leicht ablenken und einlullen lassen, warum die *Selbsterinnerung* so unbedingt notwendig ist und so häufig erneuert werden muß. Anscheinend kann die Schläue von Zeit zu Zeit nur zu diesem Preis in unseren harten Panzer eindringen. Je besser man jemanden kennt, um so besser täuscht man ihn.

Die gesamte Arbeit Gurdjieffs – über diesen Punkt besteht Einmütigkeit – zielt darauf ab, eine *Praxis* zu sein. Er erklärte sich gern für skeptisch, für materialistisch und verwarf jede Theorie, sei es auch die des Seins oder der Transzendenz.

Wer wie ich ihn nicht gekannt hat, für den stellt sich eine einzige Frage: Wie kann man heute aus Gurdjieff Nutzen ziehen? Wie kann man ihn um Hilfe bitten? Es ist die einzige Frage, die zählt, die einzige, die er akzeptiert hätte.

Man kann natürlich antworten: »Indem man seine Bücher liest oder die Zeugnisse derjenigen, die mit ihm in Berührung standen.« Doch das sind nur Zeichen auf dem Papier. Es handelt sich nur um Lektüre, um eine zwangsläufig bewegungslose

Übung. Gurdjieff warnte uns häufig vor Geschriebenem, vor dem, was der Maulana »den Nebel der Wörter« nannte, das uns auf angenehme Weise die Wirklichkeit verdeckt und daher der Natur des »Organs Kundabuffer« ähnelt. Wörter sind nur eine Annäherung, ein Code, etwas Nützliches. Es gilt, über sie hinauszugehen, zur Erfahrung zu gelangen.

Bei dieser Suche nach uns selbst, nach unseren Ebenen, unseren Energien, unserer Beziehung zu den anderen und zur Welt gibt es eine gewisse Zahl von Übungen, die ein durchdringendes, neues Licht auf unsere verborgene Landschaft werfen können, Übungen, die von weit her kommen, die wir wiederholen und sogar verändern können, die den oft verachteten Körper und das Gefühl zu Wort kommen lassen. Ja, auch der Körper hat ein Wort mitzureden. Wir vergessen ihn ständig. Er ist nicht bloß Werkzeug und Diener.

Wir kommen hier auch zu einer bestimmten Arbeit der Schauspieler. Für Peter Brook und die Mitglieder seiner Theatergruppe wurden im Laufe der Jahre Übungen unerläßlich. Keine ernsthafte Arbeit kann auf sie verzichten. Jeder Schauspieler weiß, daß sein Körper erfinderisch ist, wenn man ihn vorbereitet und auf ihn hört. Bei diesen Übungen geht es darum, ruhig zu werden und gleichzeitig zu erwachen, gemeinsam zu erwachen, beisammen zu sein. Doch es geht auch darum, während man sich für die kommende Arbeit bereit macht, die anderen nicht zu vergessen, die uns anschauen, die lebendig in unserer Nähe sind, mit denen wir fühlen, handeln und spielen müssen. In diesem Augenblick entsteht ein ganzes Netz spürbarer Beziehungen. Die »Selbsterinnerung« führt so unvermeidlich zu einem Mahnruf für die anderen, zu einem aktiven Leben in der Welt – ganz im Gegensatz zu den Einsiedlern früherer Zeiten, die das innere Aufblühen in der Einsamkeit des Waldes oder der Wüste finden wollten, einer bedenklichen Einsamkeit, die schnell von schwimmfüßigen Verführerinnen heimgesucht wird.

Man spricht häufig von einem inneren Labyrinth. Der Ausdruck ist ziemlich irreführend, denn in einem wirklichen Labyrinth kann man, wenn der richtige Weg durchlaufen ist, diesen markieren und ihn leicht wieder ausfindig machen, wie es hungernde Ratten tun. Unser eigenes Labyrinth kann sich von einem Tag auf den andern verändern, und in ihm braucht man auf jeden Fall mehrere Fäden, die sich mitunter verheddern. Diese innere Wohnung ähnelt sehr den Palästen, die die Maya[8] erbaute, der oberste Architekt und Hochmeister der Täuschungen: Palästen, die dem Auge und der Hand Festigkeit und Organisation anzeigten, die sich aber im Handumdrehen verändern konnten. Palästen, »wo die Gedanken Gestalt anzunehmen vermochten« und somit einen Durchgang blockieren, uns irreführen und kopflos machen konnten. Palästen, in denen sich plötzlich Sümpfe erstrecken, deren Ausdehnung und Tiefe man nicht vermutete.

8 Die Macht der Illusion. Ein Begriff der indischen Vedânta-Philosophie: eine kosmische Kraft, die dem Brahma, dem Absoluten, innewohnt und in Verbindung mit ihm gleichsam die Welt entstehen läßt. (A. d. Ü.)

Auch wenn wir, mit einiger Übung, jene alte Herkunft, jene vertrauten Wandbehänge, jenes dunkle und kalte Zimmer, in denen unsere Kindheitsschrecken und unsere Wünsche, unsere Schocks und Enttäuschungen umherstreifen, im Vorübergehen wiedererkennen, öffnen sich noch weitere Korridore und dehnen sich unaufhörlich aus, unbekannte Lampen leuchten auf und erlöschen wieder. Man könnte, scheint es, sagen: bis ins Unendliche.

Daher muß die Suche in diesem Labyrinth ohne Gesetz jeden Tag unermüdlich neu beginnen. Unser Palast, ob nun reich oder ärmlich, hat weder Anfang noch Ende, weder Stabilität noch Geometrie. Selbst der Sinn des Besuches verändert sich. Die Erforschung ist langwierig und langsam. Ein aufmerksames Dabeisein, weder nachsichtig noch unerbittlich, ein Dabeisein, wie es dasjenige Gurdjieffs war, kann uns gewiß erheblich helfen. Suchen wir unsere Laterne und unsere Sherpas gut aus.

Am Ende dieser kurzen Notizen scheint mir, daß mich dieser Gurdjieff, den ich nicht kennenlernte, heute, wenn ich es will, auf mehrerlei Weise begleitet. Ich sehe zum Beispiel, wie er nachdrücklich und mit einer Art geheimen Ironie wiederholt: Alles sei Materie und die Materie sei überall die gleiche. In diesen beiden Punkten gibt ihm die fortgeschrittenste Wissenschaft recht.

Ich sehe auch, daß er wie Descartes mir rät, Scharlatanen, Magiern, allen Systememachern und Pseudoreligionsstiftern aufmerksam zu mißtrauen. Aber – über Descartes hinausgehend – sagt er mir auch, ich solle mir selbst, und sogar vor allem mir selbst, und meinen Gedanken ebenfalls mißtrauen. Um mich vor Fata Morganen zu bewahren, liefert er mir einige Tricks, an erster Stelle die Warnung vor den machtvollen Erinnerungen des »Organs Kundabuffer«, eine praktische und brillante Erfindung, die unsere gesamte Lebensanschauung verändern kann.

Aber vor allem gibt uns Gurdjieff in dieser Welt, wo »alles, was existiert, nach unten strebt«, das schwer erfaßbare, anspruchsvolle Beispiel einer echten Lebensweise. Denn wir neigen stets dazu – und selbst beim Abfassen dieses Artikels spüre ich dies –, an literarischen Erklärungen Gefallen zu finden, an der argumentierenden, diskursiven Form, die uns vertraut ist und auf die wir – wenn nicht gar auf Zahlen und Gleichungen – die bekannte Welt eines Tages sicherlich zurückzuführen hoffen.

Durch sein Leben wie durch seine Arbeit, durch seinen verblüffenden Scharfblick, seine Ausweichmanöver, sein Umherschweifen, seine hartnäckige Verweigerung einer gewöhnlichen Unterweisung (auf die Gefahr hin, einen zu enttäuschen und zu irritieren), durch seine fast besessene Mahnung zur *Rückkehr zu sich selbst*, durch seine verfänglichen Fragen: »Wenn Sie sich Ihrer selbst erinnern, woran erinnern Sie sich genau?«, durch sein unvoraussehbares Verhalten, seinen Humor, seine Paradoxe sagt uns Gurdjieff hingegen an diesem Jahrhundertende, wo jedermann eifrig den Zusammenbruch der Ideologien feiert (vornehmlich allerdings, wohlgemerkt, den der Ideologien anderer), daß jede Arbeit an sich selbst vollständig sein muß, daß sich nichts in der Einsamkeit vollzieht, daß man der Welt nicht entkommen kann, daß alles nichts ist, solange man es nicht erlebt.

Diese Arbeit ist ohne den Lebenshauch, ohne die Zufälligkeiten des Tages, ohne die hingenommenen Gegensätze nichts. Jeden Morgen, wenn wir die Bühne betreten, wenn wir aufzuwachen glauben, ist nicht eine Sache sicher. Es gilt, alles erneut zu riskieren, alles wieder von vorn anzufangen. Auf unserer Bühne muß die schönste Eroberung – unsere eigene – immer wieder errungen werden.

Er war eine Art Vulkan

Jerzy Grotowski

Dossiers H: Eine Sache interessiert uns sehr an Ihrer Arbeit, der körperliche Aspekt. In Georg Iwanowitsch Gurdjieffs Bewegungen *stellen wir ebenfalls diese Betonung des Kontakts zum Körper fest. Ich weiß nicht, worin Ihre Beziehung*[1] *zu Gurdjieffs Lehre besteht und wie Sie sie kennengelernt haben, doch spüre ich bei Ihnen etwas Gleichartiges: eine sehr subtile Suche, die sich auf eine kraftvolle körperliche Grundlage stützt.*

Jerzy Grotowski: Kennen Sie das Buch *The Harmonius Circle* von James Webb[2]? Es ist ein bisweilen phantastisches, aber ein interessantes Werk. Man findet darin viele Vermutungen und viel Gerede. Am Schluß, in einer umfangreichen Bibliographie, erwähnt er mein Buch *Für ein Armes Theater* als ein Beispiel dafür, »wie Gurdjieffs Ansichten über das Theater diejenigen der Avantgarde entweder beeinflußten oder auf geheimnisvolle Weise parallel zu ihnen verliefen«. Paradoxerweise kannte ich zu der

1 Einen Hinweis hierauf findet man in Richard Schechners kurzer biographischer Skizze in *The Grotowski Sourcebook*, hg. von R. Schechner und L. Wolford, London 1997. Siehe auch Eugenio Barba, *La terra di cenere e diamanti. Il mio apprendistato in Polonia, seguito da 26 lettere di Jerzy Grotowski a Eugenio Barba*, Bologna 1998. (Dt. *Das Land von Asche und*

Zeit, da ich an diesem Buch schrieb, noch nicht einmal Gurdjieffs Namen. Später hörte ich von Ouspenskys Buch *[Auf der Suche nach dem Wunderbaren]*, und erst danach begann ich, das zu lesen, was sich auf Gurdjieff bezog. Als ich einiges Material zur Verfügung hatte, stellte ich in der Tat einen ähnlichen Gebrauch bestimmter Ausdrücke fest, wie zum Beispiel »Mechanität«, »Assoziationen«. An anderen Stellen sind die Ausdrücke verschieden, aber trotzdem: »die gesellschaftliche Maske«, »die Persönlichkeit« ... man könnte fortfahren, fortfahren! Erwähnenswerter ist wahrscheinlich die Komplexität der menschlichen Natur, die Körper und Innerlichkeit umfaßt – sowie vielleicht etwas Zusätzliches, das es zu verwirklichen oder zu tun gilt – in Richtung auf das, was ich heute »die Vertikalität« nenne.

Gegenwärtig steht meine Arbeit weitgehend mit dem altem Lied, dem »schwingungsgeladenen« Lied in Zusammenhang. In der Zeit des »Theaterlaboratoriums«, beispielsweise bei *Der standhafte Prinz*, war die Suche zwar weniger auf den Gesang konzentriert, doch in gewisser Weise war es bereits eine gesungene Handlung. Ich habe es stets als sehr sonderbar angesehen, wenn man an der Stimme oder am

Diamant. Meine Lehrjahre in Polen, gefolgt von 26 Briefen Jerzy Grotowskis an Eugenio Barba, in: *Flamboyant*, Heft 10/11, Köln 2000.)

2 Webb, James, *The Harmonious Circle: The Lives and Work of G. I. Gurdjieff, P. D. Ouspensky, and Their Followers*, New York 1980.

Gesang oder sogar an gesprochenen Worten arbeiten wollte, indem man sie von den körperlichen Reaktionen trennte. Beide Aspekte sind stark miteinander verbunden, sie gehen ineinander über. Man müßte noch weiter zurückgehen, um sich die Frage zu stellen: »Was geht einer kleinen physischen Handlung voraus?« Vor einer kleinen physischen Handlung gibt es den Impuls. Hierin liegt das Geheimnis von etwas sehr schwer Erfaßbarem, weil der Impuls eine Reaktion ist, die unter der Haut beginnt und nur dann sichtbar ist, wenn sie bereits zu einer kleinen Handlung wurde. Der Impuls ist derart vielschichtig, daß man nicht sagen kann, er gehöre allein zum körperlichen Bereich. In meinem *Workcenter* im italienischen Pontedera ist, was die technischen Elemente anbelangt, alles wie in den Bühnenkünsten; wir arbeiten am Gesang, an den Schwingungsqualitäten des Gesangs, an den Impulsen und physischen Handlungen, an Bewegungsformen; und es können sogar erzählerische Motive auftauchen. Und all das wird gefiltert und strukturiert, bis eine vollendete, genaue und wiederholbare Struktur entsteht wie die einer Aufführung: eine *Action*. Und dennoch ist es keine Aufführung. Man kann es *die Kunst als*

Fahrzeug[3] nennen oder sogar *die Objektivität des Rituals*. Doch wenn ich das Ritual erwähne, so beziehe ich mich weder auf eine Zeremonie noch auf ein Fest; noch weniger auf eine Improvisation unter Beteiligung von Außenstehenden. Es handelt sich auch nicht um eine Synthese verschiedener ritueller Formen aus unterschiedlichen Gegenden der Welt. Wenn ich auf das Ritual verweise, so spreche ich von seiner Objektivität, das heißt, die Elemente der *Action* sind – durch ihre unmittelbaren Wirkungen – Instrumente für die Arbeit der »Handelnden« an Körper, Herz und Kopf.

3 Grotowski, Jerzy, »Von der Theatertruppe zur Kunst als Fahrzeug«, in: Thomas Richards, *Theaterarbeit mit Grotowski*, Berlin 1996, S. 188–200, 207.

Finden Sie in dieser Dreiteilung – Körper, Herz, Kopf – einen Hinweis auf Gurdjieff?

Diese Formel gelangte aus einer anderen Quelle zu mir. Ich bin überzeugt, daß Gurdjieff recht hatte, die dreiteilige Verfassung des Menschen zu betonen und zu versuchen, hier das richtige Gleichgewicht zu schaffen. Er sah das ganz klar, aber die Dinge klar zu sehen führt nicht notwendigerweise zum *Tun*. Mir scheint, Gurdjieff betrachtete die Dinge ganz klar, gerade um zu tun.

Sie haben auf ein Ziel hingewiesen, das über das Theater hinausgehen würde.[4] *Ich stelle mir vor, daß es sich in Ihrer gegenwärtigen Arbeit um etwas in dem Bereich der ständigen Weiterbildung handelt und daß dies den Künstler selbst, den wirkenden Menschen betrifft, den »Handelnden«, wie Sie ihn nennen. Etwas, das eine Technik und eine situationsbezogene Anwendung ist und das ihn dazu bringen soll, jene Vertikalität zu berühren, an die Sie erinnern?*

4 »Le Performer«, in: *Workcenter of Jerzy Grotowski*. Pontedera 1988, S. 36–41. Diese Broschüre erschien als ein Privatdruck des »Centro per la Sperimentazione e la Ricerca Teatrale«. (Dt. »Der Performer«, in: *Der sprechende Körper. Texte zur Theateranthropologie*, Berlin 1996, S. 43–47. [A. d. Ü.])

Vertikalität: das Phänomen ist energetischer Natur. Es ist gleichsam eine Art Fahrstuhl, allerdings ein Fahrstuhl wie in sehr alter Zeit, in den sogenannten primitiven Gesellschaften: ein großer Korb mit einem Seil, mit dessen Hilfe sich derjenige, der sich in dem Korb befindet, aus eigener Kraft von einer Ebene zu einer anderen bewegen muß. Die Frage der Vertikalität bedeutet, von einer sogenannten groben Ebene – in gewisser Weise, könnte man sagen, einer »alltäglichen« in Anführungsstrichen – überzugehen zu einer viel subtileren energetischen Ebene oder sogar zu der *hohen Verbindung*. An diesem Punkt wäre es nicht richtig, mehr davon zu sagen, ich weise einfach auf den Übergang, auf die Richtung hin. Es gibt da auch noch den anderen Übergang: Wenn man sich der hohen Verbindung nähert, wenn es also um die Energiequalität einer sehr viel subtileren Energie geht, entsteht auch die Frage des Abstiegs, wobei man dieses Subtile der gewöhnlicheren Wirklichkeit *zuführt*, die mit der Körper-»dichte« zusammenhängt.

Es zur Handlung mitbringen?

Zur Handlung, aber auch zu all dem, was mit der körperlichen Dichte zusammenhängt. Mir scheint, dies ist eine Vorgehensweise, die etwas mit dem gemein hat, was man über Gurdjieff lesen kann. Ich wage es nicht wirklich zu behaupten, weil meine Kenntnis von Gurdjieff wie gesagt zu sehr auf Büchern beruht. Andererseits gibt es einen für mich sehr wichtigen Bereich, wo ich einen gurdjieffschen Ausdruck direkt verwende, nämlich wenn ich vom Wesen spreche. Da gibt es bestimmt etwas, wo ich zumindest in die Definition des Wortes eingedrungen bin.

Sind Sie bei dem, was Sie soeben gesagt haben, der Ansicht, daß Sie an die dritte, die intellektuelle Ebene herangekommen sind oder daß Sie sie nicht berührt haben?

Ja, wissen Sie, die intellektuelle Ebene ist äußerst gefährlich, weil wir gerade auf dieser Ebene am leichtesten abstürzen. Wir verfallen in die Illusion, Dinge zu entdecken, während wir lediglich dabei sind, Computergeräusche zu machen. Das genau ist das Problem der intellektuellen Ebene. Die intellektuelle Ebene erfordert zweierlei: einerseits einen sehr guten Computer, andererseits die Freiheit gegenüber diesem Computer. Im Westen haben wir beispielsweise Menschen, die über einen Intellekt von der Qualität eines vorzüglichen Computers verfügen, die jedoch von diesem Computer verschlungen werden.

Ein gut geschulter Kopf, allerdings einer, der gehorcht, wäre das das Wichtige?

Ja, so ist es.

Es geht also darum, zu einem höheren oder subtileren Wahrnehmungsniveau überzugehen. Man kann sagen, dies stehe der Lehre Gurdjieffs sehr nahe: Es handele sich um eine Umwandlung des eigenen Zustandes.

Es ist die Arbeit an sich selbst. Dieser Ausdruck, diese Formel »Arbeit an sich selbst« hat Stanislawski ständig wiederholt, und ich habe sie von ihm. Sogar der Titel seines grundlegenden Werkes lautet in der Tat *Die Arbeit des Schauspielers an sich selbst*[5] – leider wurde dieser Titel in der französischen und in der englischen Übersetzung nicht beibehalten. In der Zeit meiner eigentlichen Theaterarbeit, also in der ersten Periode, war der Akt des Schauspielers ebenfalls eine Herausforderung dem Zuschauer gegenüber. In meiner gegenwärtigen Arbeit jedoch, in der *Kunst als Fahrzeug*, existiert der Zuschauer grundsätzlich nicht.

5 *Rabota aktera nad soboj* (1938). Dt. Berlin 1961–63.

Diesen Standpunkt anzuerkennen fällt ein bißchen schwer.

Es handelt sich einfach um eine Praxis. Es ist eine Arbeit, die nicht für Zuschauer bestimmt ist. Ich würde sagen, wenn eine gurdjieffsche Gruppe *Bewegungen* macht, sind diese *Bewegungen* nicht für Zuschauer bestimmt. Vielleicht kann Ihnen dadurch diese Haltung verständlich werden. Das bedeutet nicht, daß es keine Zeugen unserer Arbeit gibt. Nach mehreren Jahren sind sie aufgetaucht. Es waren Gruppen des »jungen Theaters« oder des Forschungstheaters, die sich angesehen haben, was wir machen. Wir haben unsererseits ihre Aufführungen und Übungen beobachtet. Jede dieser Begegnungen endete mit einer auf die technischen Elemente des rein Handwerklichen ausgerichteten detaillierten Analyse; wir haben jede »geistige Rede« vermieden, weil die »geistige Rede« sehr leicht ausartet. Wir hatten fast sechzig Arbeitsbegegnungen dieser Art, von denen einige mehrere Tage dauerten. Ich möchte hier wiederholen, weil man es betonen muß, daß alle Elemente unserer eigenen Arbeit nahezu die gleichen sind wie in den Bühnenkünsten und daß an diesen Elementen hart gearbeitet wird. Wenn ich »Elemente« sage, denke ich an physische Handlungen, an Tempo-Rhythmen, an die zusammengesetzte Bewegung, an den Kontakt, an das Wort und in erster Linie an die alten Gesänge mit ihren Schwingungsqualitäten. Doch zwischen dieser Arbeit und den Bühnenkünsten gibt es einen Unterschied in der Vorgehensweise.

Wie ist diese Vorgehensweise?

Das beste Wort, um diese Vorgehensweise zu beschreiben, wäre *awareness*, das heißt ein Bewußtsein, das nicht mit der Sprache, mit dem Funktionieren des *Computers* zusammenhängt, sondern mit dem *Sein*. Man könnte sicherlich auch sagen, daß *awareness* mit dem Intellekt verbunden ist, aber *es handelt sich da gewiß um einen anderen Intellekt*. In ihm kommt es zur Begegnung mit dem Herzen, zur Begegnung mit dem Bereich der Seele, des Gefühls, der in diesem Fall allerdings verschieden ist von unserem Brei aus Projektionen, Abneigungen und Zuneigungen; das gehört zum selben Bereich, aber einem viel höheren, und an diesem Punkt gibt es keinen wahrnehmbaren Unterschied mehr zwischen dieser hohen »Psyche« und diesem hohen »Intellekt«, die beiden Aspekte sind da ganz miteinander verbunden und vielleicht identisch.

Könnte man also sagen, es sei einfacher, von awareness *in Fachausdrücken zu sprechen als mit den gefühlsmäßigen Wörtern der gewöhnlichen Sprache?*

Das würde auch ich vorziehen: Wenn möglich, sollten wir stets auf technische Weise sprechen. Aber es ist klar, daß das nicht reicht, darin liegt die Schwierigkeit. Die Technik weist hin, sie ist wie ein Verkehrsschild, das die einzuschlagende Richtung anzeigt. Es gibt jedoch viele Dinge, die der Technik vorausgehen und die gleichsam ein Engagement erfordern, und es gibt viele Dinge im Anschluß an die Technik, die in gewisser Weise nicht formulierbar sind.

Sprechen wir also von den organischen Elementen und von der Struktur Ihrer gegenwärtigen Arbeit.

Wenn Sie so sprechen, bestätigen Sie unausgesprochen, daß eine Struktur notwendig ist. Sie ist grundlegend. Nimmt man *die Kunst als Fahrzeug*, so kann man nicht an sich selbst arbeiten außerhalb eines strukturierten Rahmens, außerhalb einer Partitur dessen, was man macht, außerhalb der (mit einer Aufführung oder einem Ritus vergleichbaren) *Action*, die aus einem Anfang, einer Entwicklung und einem Ende besteht, in der jedes Element seinen technisch notwendigen logischen Platz hat. Um ein Beispiel zu nehmen: Ein ganz bestimmter Gesang kann seinen

Platz nicht etwas vor oder etwas nach jenem anderen Gesang haben. Ich spreche von sehr alten Gesängen, die mit dem rituellen Zugang in Zusammenhang stehen, weil das unser Arbeitsmaterial ist. Die Schwingungsqualitäten des einen Gesangs oder eines anderen sind in ihrer energetischen Wirkung nicht die gleichen. Andererseits würde ich, sofern wir rein technisch sprechen, sagen, wenn man einen Hymnus von hochsubtilem Wert gesungen und seine Schwingungsqualitäten entdeckt hat, darf man diesen Hymnus nicht einfach verlieren, sondern muß (zum Beispiel) zu der Ebene eines anderen *instinktiveren* Gesangs hinabsteigen, indem man etwas von dem Hymnus *in* sich selbst zurückbehält. Natürlich ist das ein allzu einfaches Beispiel. Ich komme jetzt wieder zurück auf das Thema der Wirkungsunterschiede zwischen verschiedenen alten Gesängen. Unter dem Gesichtspunkt der Vertikalität zum Subtilen und des Abstiegs des Subtilen zur Körperdichte gibt es eine Logik. Die Struktur, die Spielpartitur stellt gleichsam die Wirbelsäule dar: Wenn man keine Struktur hat, so löst sich alles auf und wird zu einem Brei.

Das Organische: Sie haben damit ein Thema angeschnitten; auch dies ist ein Ausdruck Stanislawskis.

Was ist das, das Organische? Es bedeutet, im Einklang mit den Naturgesetzen zu leben, dies allerdings auf einer ursprünglichen Ebene. Unser Körper ist ein Tier, das darf man nicht vergessen. Ich sage nicht: Wir sind Tiere, ich sage: Unser Körper ist ein Tier. Das Organische nun steht mit dem Kind-Aspekt in Verbindung. Das Kind ist fast immer organisch. Das Organische ist etwas, was man mehr hat, wenn man jung ist, weniger, wenn man älter wird. Es ist natürlich möglich, das Leben des Organischen zu verlängern, indem man gegen die Gewohnheiten, gegen die Macht des alltäglichen Lebens ankämpft, die Verhaltensklischees zerbricht, beseitigt und – vor der komplexen Reaktion – zur ursprünglichen Reaktion zurückkehrt. Das Grundlegende, wie mir scheint, ist dabei, der Form stets das vorausgehen zu lassen, was ihr vorausgehen muß, ihr einen Vorgang vorausgehen zu lassen, der zur Form führt. In einem Text, den ich unlängst verfaßt habe, gebe ich als Beispiel den Begriff des Kriegers, im traditionellen Sinne des Wortes. Ich sage: Beim Krieger im Vollbesitz des Organischen können Körper und Wesen eine Osmose eingehen, und es scheint dann unmöglich zu sein, sie voneinander zu trennen. Aber es ist kein dauerhafter Zustand, er währt nur kurze Zeit. Es ist in Seamis Worten *die Blüte der Jugend.* Wenn nun diese Osmose, *Körper-und-Wesen*, vorhanden ist, müssen wir die Art und Weise finden, das Wesen aufzunehmen, es zu berühren. In meiner früheren Ausdrucksweise könnte ich sagen: Es ist nicht einfach *Körper-und-Wesen*, es ist das Organische des Wesens. Zu einer bestimmten Zeit hat man virtuell *Körper-und-Wesen*, und später wird man – vielleicht – den *Körper des Wesens* haben. Dies nach einer schwierigen Weiterentwicklung, einer persönlichen Weiterentwicklung, die gewissermaßen die Aufgabe eines jeden ist, die man jedoch recht selten erreicht. Ich habe in diesem Text von einer Photographie Gurdjieffs gesprochen – einige Leser hat dies sehr irritiert. In sehr verkürzender Weise sagte ich, daß man auf dieser Photographie – aus der Art und Weise, wie Gurdjieff anwesend ist – ein bestimmtes Bild des »Körpers des Wesens« sehen kann … Vielleicht war das zu provozierend? Es ist der alte Gurdjieff, auf einer Bank sitzend, sehr alt …

Mit schwarzem Paletot und Hut?

Mit Mantel und Pelzmütze. Die letzten Jahre seines Lebens. Der Übergang vom *Körper-und-Wesen* zum *Körper des Wesens*: Es ist etwas sehr schwer Formulierbares, wir versuchen es durch eine Metapher, doch der Metapher mangelt es an Genauigkeit, darin liegt das Problem. Am Beginn der Arbeit und auch in der Zeit, da man jung ist, ist die Ebene des Organischen grundlegend. Aber auf der Ebene des Körpers stehenzubleiben bedeutet, zu verfallen, sich aufzulösen oder, um es – mit Meister Eckhard – noch brutaler auszudrücken, »mit dem Körper zu verfaulen«. Also gibt es etwas anderes zu entdecken. Und was bedeutet das, zu entdecken? Es bedeutet, daß man tun muß. Unaufhörlich taucht die Frage nach dem Tun auf.

Welche Terminologie verwenden Sie in Ihrer gegenwärtigen Arbeit?

Grundsätzlich ähnelt unsere Arbeitssprache derjenigen der Bühnenkünste, allerdings mit Hinweisen auf die Methode der physischen Handlungen von Stanislawski. Um jedoch an den alten Gesängen und ihren Schwingungsqualitäten zu arbeiten, mußten wir eine neue Terminologie entwickeln. In unserer

Arbeit wird der »Impulse«-Aspekt stark hervorgehoben. Im allgemeinen kann man sagen, daß wir versuchen, die Sprache nicht erstarren zu lassen. Wir verwenden gleichsam eine »intentionale« Sprache, die nur zwischen den arbeitenden Personen funktioniert. Dort, wo wir an die vielschichtigeren Aspekte der sogenannten »inneren« Arbeit herangehen, vermeide ich soweit wie möglich jeden sprachlichen Ausdruck. Ich vermeide es beispielsweise, die Frage nach den Energiezentren, die wir im Körper ausfindig machen können, in Worte zu fassen. Ich sage ausdrücklich, »die wir im Körper ausfindig machen können«, weil das nicht völlig eindeutig ist. Gehören sie zum biologischen Bereich oder zu einem komplexeren Bereich? Die bekanntesten sind die Zentren, die man gemäß der Yogatradition *Chakras* nennt. Es ist offensichtlich, daß man das Vorhandensein der Energiezentren im Körper exakt nachweisen kann: von denen, die am engsten mit dem biologischen Weiterleben verbunden sind, über die sexuellen Impulse und so fort, bis hin zu den immer komplexeren (oder sollte man sagen: subtileren?) Zentren. Und wenn dies als eine körperliche Topographie empfunden wird, so kann man zweifellos eine Karte anlegen. Doch hier tritt eine neue Gefahr auf: Wenn man anfängt, die Zentren (Zentren in einem Sinne, der dem der indischen *Chakras* nahesteht) zu manipulieren, so beginnt man, einen natürlichen Vorgang in eine Art *engineering* (Technik) zu verwandeln, was eine Katastrophe ist. Er wird zu einer Form, zu einem Klischee. Warum sage ich »wie die *Chakras*«? Weil die Überlieferung der Zentren in verschiedenen Kulturen vorkommt. Sagen wir, daß sie in der chinesischen Kultur mehr oder weniger mit derselben Tradition in Zusammenhang steht wie in Indien. Aber sie existierte auch in Europa. In den Texten Georg Gichtels[6] aus dem 17. Jahrhundert findet man zum Beispiel Zeichnungen, die, unter diesem Gesichtspunkt betrachtet, sehr lehrreich sind. Wenn man all das in Worte faßt, dann besteht auch die Gefahr, daß man die Empfindungen manipuliert, die man an verschiedenen Stellen des Körpers künstlich hervorrufen kann. Daher ziehe ich eine weniger festgelegte Terminologie vor, auch wenn man in einer genauen Arbeit hier etwas sehr Genaues und sehr Festes entdecken kann. Auf jeden Fall handelt es sich um eine Leiter – genau wie die Jakobsleiter –, und ich finde hier den Begriff der Verti-

6 Johann Georg Gichtel (1638–1710), Theosoph und Anhänger Jakob Böhmes, von dessen Werken er 1682 die erste Gesamtausgabe herausgab. Die von Grotowski erwähnten Zeichnungen befinden sich in den *Erbaulichen Theosophischen Sendschreiben*, veröffentlicht unter dem Titel *Theosophia practica* 1722 in Leiden. Reprographischer Nachdruck der *Theosophia practica* mit einer Einführung von Gerhard Wehr, Freiburg i. Br. 1979. (A. d. Ü.)

kalität wieder. Bei der Jakobsleiter gibt es Kräfte, die hinaufsteigen, und Kräfte, die herabsteigen. Die beiden Richtungen darf man niemals vergessen. Man könnte durchaus denken, daß man das körperliche Dasein verlassen müsse, um in etwas anderem zu verweilen, doch das ist nicht der Fall. »Gleichsam verlassen« ist dann akzeptabel, wenn der Körper in jenem Augenblick nicht auf seine Fähigkeiten verzichtet, wenn er die eigene Art und Weise, seine Pflichten weiter zu erfüllen, bewahrt. Aber nochmals, es gibt *die Weise* des Herabsteigens: Wenn man zu etwas Subtilerem gelangt, so gibt es das Problem, das Subtile dem weniger Subtilen zuzuführen.

Als Sie den Film über die Bewegungen *zum ersten Mal sahen, welche Eindrücke haben Sie da gehabt?*

Den Eindruck, es mit etwas äußerst Kompetentem zu tun zu haben. Was mich am meisten erstaunte, war eine Bemerkung von Frau de Salzmann über die Bewegung der Hände, eine sehr einfache Bemerkung: »Am Beginn einer Bewegung wird die Energie bewußt eingesetzt, aber wenn man eine Hand zum Beispiel senkt, gibt es oft während der Bewegung keine Bewußtheit mehr. Die Bewegung läßt einen das Bewußtsein verlieren.« Das ist entscheidend. Die andere Sache, die mich erstaunte, war, daß in einigen komplexen Elementen – die man mit liturgischen Gebärden vergleichen kann – die Gefahr des Ästhetismus vermieden wurde. Bei dieser Art von Formen besteht die Gefahr, daß man nach sogenannter Schönheit sucht. Es ist eine tödliche Gefahr. Das ist nicht eingetreten, und dies hat mich sehr überrascht. Es ist eine sehr, sehr wichtige Technik. Bevor ich den Film sah, hatte ich einige Beschreibungen, einige Dinge in bezug auf Gurdjieffs *Bewegungen* gelesen, daher sah ich dies als eine Bestätigung. Die Bewegungen sind etwas Grundlegendes. Gurdjieff wurzelt in einer sehr alten Tradition und ist zugleich jemand Heutiges. Er verstand es, mit wahrer Kompetenz im Einklang mit der modernen Welt zu handeln. Es ist ein seltener Fall. In unserer Zeit gibt es im Umkreis dieser Probleme so viele leichtfertige, oberflächliche, äußerliche oder ganz einfach sentimentale Versuche. Plötzlich erscheint da ein Mensch, der eine Forschung und eine strenge Praxis mitbringt. Ich sage nachdrücklich: Forschung. Meiner Meinung nach gibt es da ein sehr starkes Element des Forschens. Das heißt nicht bloß gleichsam einen Zweig der alten Tradition einführen, es bedeutet auch eine gründliche Erforschung auf dem gleichen Niveau, die wohl von alten Elementen ausgeht, doch auch eine heutige Forschung ist. Übrigens entstehen Traditionen allein auf diese Weise.

In den Büchern, die Sie gelesen haben, zum Beispiel in Beelzebubs Erzählungen, *erscheinen diese Ideen mitunter wie sehr alte Informationen, und die wollen dann überprüft, auf die Probe gestellt werden. Haben einige dieser Ideen, dieser Lektüren, die Ihnen fruchtbar erschienen, Sie ermuntert, etwas Bestimmtes auszuprobieren?*

Es war für mich die Möglichkeit einer wesentlichen Bestätigung und zugleich eine Falle. Denn wenn man anfängt, sich um eine Bestätigung zu bemühen, so wirkt das in zwei Richtungen. Doch ich möchte zunächst folgendes sagen: Ein Buch wie Ouspenskys *Auf der Suche nach dem Wunderbaren* ist äußerst lehrreich, aber zugleich zerstörerisch. Es ist ein gefährliches Buch, weil alles darin vielleicht zu einfach erscheint. Man kann es von den Ideen her verstehen und kann folglich mit den Ideen zu jonglieren beginnen. Der sehr starke Eindruck, den ich von *Beelzebub* empfangen habe, ist, daß Gurdjieff *Beelzebub* als Abschluß der vorangegangenen Zeitabschnitte und vor allem der Arbeit des Instituts in Fontainebleau schrieb und daß er also jede Möglichkeit, mit den Ideen, dem »formgebenden Denken«[7], zu jonglieren, abblocken wollte. Sein Buch, *Beelzebub*, wurde auf solche Weise entworfen, daß es jede Möglichkeit, mit der Terminologie zu spielen, praktisch ausschloß. Verglichen mit Fontainebleau, ist das eine völlige andere Art des Herangehens an das Unterrichten. Der Bereich der Ideen ist oft sehr gefährlich, weil er auch »formgebendes Denken« sein kann. Um auf Ihre Frage zu antworten: Von dem Zeitpunkt an, wo ich anfing, über Gurdjieffs Arbeit zu lesen, sollten die praktischen Vergleiche und die Schlußfolgerungen nicht nur zu einer Bestätigung führen, sondern sie sollten *mich auch berühren*, das ist ganz klar. Es würde mir schwerfallen, zu analysieren: welche Einzelheiten, welche Elemente? Weil auch die Gefahr existiert, daß man sich fragt: »Woher kommt dieses Element und woher jenes?« Das Wich-

7 Der untere – automatischste – Teil der Denkfunktion, den Gurdjieff den »formgebenden Apparat« oder das »formgebende Denken« nennt. Vgl. P. D. Ouspensky, *Vom inneren Wachstum des Menschen: Der Mensch und seine mögliche Evolution*. Weilheim 1965, S. 108.

tige ist nicht, daß sie von irgendwoher stammen, sondern daß sie funktionieren. Ist dieses Kriterium ganz klar? Das bedeutet: Es gibt ein Element, das funktioniert, und es bestätigt sich hier und da. Im Falle Gurdjieffs ist es die Wirkung von etwas sehr Altem und gleichzeitig Heutigem. Sowohl die Tradition als auch das Forschen sind in ihm stark, und zugleich gibt es da die Art und Weise, bestimmte letzte Fragen zu stellen. Hier sind wir nicht länger in der technischen Einzelheit, sondern in dem Wesentlichen der Ideen mit all den Gefahren, die das mit sich bringt. Freilich gibt es bei Gurdjieff bestimmte Schlüsselbegriffe wie etwa »Krepieren wie ein Hund«, »Der ehrenhafte Tod«, Ausdrücke, denen man nicht ausweichen kann. Sie werfen ein sehr spezielles Licht auf die Sache, weil sie sich nicht auf etwas verschwommene Kategorien wie »das Leben nach dem Tode« beziehen, sie wagen sich direkt an die Möglichkeiten heran. Das heißt, sie stellen die praktische Frage.

Aus den von Ihnen zitierten Sätzen hört man eine menschliche Stimme heraus. Wer ist für Sie der Mensch Gurdjieff, der da hindurchscheint?

Ich werde Ihnen nicht direkt antworten. Der Mensch Gurdjieff war erstens, wie mir scheint, mindestens zwei. Es gibt einen jüngeren Gurdjieff und einen älteren Gurdjieff. Der Unterschied besteht immer. Man kann es von jedem Menschen sagen, doch bei ihm war der Unterschied gleichsam ein Unterschied der Herangehensweise. Ich will einiges dazu sagen. Das andere, was mir wichtig erscheint: Wenn ich Erklärungen lese in der Art von Ouspenskys *Auf der Suche nach dem Wunderbaren*, dann scheint mir grundlegend zu sein, sich daran zu erinnern, daß Gurdjieff ein leidenschaftlicher Mensch war. Er war eine Art Vulkan. Nun ist es etwas ganz anderes, wenn ein ganz besonderer, hochintelligenter Intellektueller, loyal, wie Ouspensky es war, Gurdjieffs Ausdrücke gebraucht, obwohl er überhaupt *kein* Vulkan ist. Er gebraucht sie als ein zwar außergewöhnlicher, aber im Grunde sehr furchtsamer Mensch. Das Ego hinter diesem außergewöhnlichen Menschen ist ein ängstliches Kind, und an seiner Stelle argumentiert ein Stimmchen. Und ich will nichts gegen ihn sagen, weil er von sehr hohem Niveau, weil er ein rechtschaffener, wertvoller Mann ist. Doch ich möchte sagen, daß es einen Unterschied gibt. Dieselbe Formel, die von einem zutiefst leidenschaftlichen, vulkangleichen Menschen stammt, klingt ganz anders aus dem Mund eines hochgestochenen Intellektuellen. Und da zeigt sich sogleich ein praktisches Problem. Das heißt, all die sogenannten gefühllosen Seiten, die bei Gurdjieff beispielsweise im Bereich der Ideen vorhanden sind – was seine Gegner »fehlende Liebe« nannten – diese gesamte Seite ist wirklich eine Gefahr, eine Art kalte Manipulation der Ideen, wenn es dahinter nicht den Kern, den vulkanhaften Kern eines sehr starken und sehr leidenschaftlichen Temperaments gibt. So sieht man, wie die Elemente von Gurdjieffs Techniken ein Hemmschuh waren für seine eigene Natur, doch was gab es auf diesem Gebiet bei Ouspensky zu hemmen? Wenn ich das Beispiel eines sehr hohen Intellektuellen nehme, so darf er nicht gehemmt, sondern sollte vielmehr angespornt werden.

Ich sehe hier eine praktische Konsequenz: Mir scheint, ein Grund, weshalb Gurdjieff zu der späten Form der Unterweisung nach Art des *Beelzebubs* übergegangen ist, war der, jede Möglichkeit der Wortmanipulation zu vermeiden. Doch es gibt, wie mir scheint, auch etwas anderes – es ist ein reiner

Lektüreeindruck: Es besteht ein großer Unterschied zwischen dem alten Gurdjieff und dem jüngeren Gurdjieff; nicht als er mit der Eroberung des Wissens befaßt war – wenngleich es einen Aspekt hiervon noch in Fontainebleau und später gab –, sondern mit der Eroberung seiner *Mission*, wenn ich so sagen darf. Paradoxerweise erwartete der jüngere Gurdjieff, so kommt es mir vor, so viel von anderen, bis er schließlich begriff, daß es keine wirklichen Menschen um ihn herum gab, weil er alles verlangte. Später gibt es den anderen Gurdjieff, den alten. Verlangte er weniger? Nein, er verlangte nicht weniger, sondern die Art des Forderns hatte sich geändert. Einer schon betagten Französin sagte er in seinem sehr eigenwilligen Französisch: »Sie nicht kennen Ihr Ich, nicht eine Sekunde in Ihrem ganzen Leben. Jetzt ich sage, und Sie versuchen. Aber sehr schwierig. Sie sich versuchen zu erinnern, jede Stunde zu sagen: ›Ich bin.‹ Sie es nicht fertigbringen, nicht wichtig, Sie es versuchen.« Er gibt eine anscheinend sehr einfache Aufgabe und sagt: »Sehr schwierig.« Der jüngere Gurdjieff würde eine viel kompliziertere Aufgabe geben und sagen: »Du es unbedingt machen!« Vielleicht täusche ich mich, aber ich sehe darin einen ungewöhnlichen Einstellungswandel, der aus mehr Skepsis gegenüber den Leuten, den Menschen bestand und zugleich aus einer ganz besonderen, sehr anspruchsvollen Toleranz. Und ich glaube nicht, daß dies allein das Alter war. Es war ebenso der Großvater-Aspekt...

Geduld?

Der Großvater, die Gestalt des Großvaters, kommt sehr deutlich zum Vorschein. Doch trat bei Gurdjieff auch gleichsam ein Wechsel der Taktik in Erscheinung, der mir sehr in ihm verwurzelt, sehr organisch erscheint. In diesem letzten Lebensabschnitt hatte er die Eigenart, mit Hilfe von Dingen wie etwa den Mahlzeiten zu unterrichten, indem er die Umstände ausnutzte. Denn in Fontainebleau waren die Umstände absichtlich geschaffen, komplex und so weiter. Gegen Ende gab es, auch wenn er ganz spezifische Tätigkeiten vorschlug wie die *Bewegungen* mit sehr genauen persönlichen Belehrungen, darüber hinaus diese Verwendung alltäglichster Situationen wie Lektüre, Mahlzeiten. Bei diesen Gelegenheiten zeigte sich alles. Selbst wenn es auch da den Druck der Umstände gab: geschlossene Fensterläden, zusammengepferchte Leute, weil sie sehr zahlreich waren. All das ist da, aber wie wenn man sich in eine einfache, gewöhnliche, alltägliche Situation begäbe. Mir scheint, das ist etwas sehr Wertvolles und, das muß ich sagen, sehr schwer Durchführbares. Es ist viel leichter, Bedingungen herbeizuführen, als die Lebensbedingungen zu benützen.

Einer seiner Schüler, Michel Conge, sagte in diesem Zusammenhang etwas sehr Einfühlsames: »In der Zeit des Prieuré[8] gab es Gurdjieff als einen Meister, dem man nicht ausweichen konnte, wirklich die Gestalt des erschreckenden, terrorisierenden Meisters. Später war er der Diener seiner Schüler. Unter diesen Bedingungen war das Leben außerordentlich.« Das ist gleichsam ein ganz anderes Bild, Sie sehen, daß auch er fühlte, wie Gurdjieff die Lebensbedingungen benutzte, um denen zu dienen, die da waren. Er ehrte sie. Zunächst wartete er ihnen bei Tische auf, und außerdem war er es, der jeden Tag die Mahlzeiten, das Essen zubereitete, niemand sonst. Andere halfen wohl, aber er ernährte alle.

8 Das Schloß von Avon bei Fontainebleau, in dem Gurdjieff in den zwanziger Jahren zusammen mit seiner Familie und seinen Schülern lebte. (A. d. Ü.)

Die Frage des »Ernährens« ist ein Thema, das uns zu weit führen würde … Ich möchte hingegen hinweisen auf die andere Art und Weise des alten Gurdjieff, die gleichen Dinge – wie mir scheint – wachzurufen: anstatt beispielsweise »Selbsterinnerung« zu erwähnen, jemandem ganz einfach *red pepper* (Roten Pfeffer) in den Mund zu stecken. Bei »Selbsterinnerung« – wie viele philosophische Mißbrauchsmöglichkeiten! Mit *red pepper* zu jonglieren ist schwierig, das führt sofort zu etwas Eindeutigem.

Nicht nach Art der Ideen.

Das ist es! Nach Art eines Kôan,[9] allerdings eines Kôan durch den Körper.

Was ist Ihrer Meinung nach in Gurdjieffs Botschaft besonders aktuell, was zu seinen Lebzeiten nicht zwangsläufig wahrnehmbar war, jedoch einer heutigen Fragestellung entspricht?

Mehrfach wurden Bemühungen unternommen, um Gurdjieff neu zu interpretieren. Zum Beispiel die ökologischen Bewegungen – Bennett hat das versucht –, doch ich sehe nichts Spezielles für heute. Überlieferungen sterben, sie erwachen unter ande-

9 Kôan, eigentlich »öffentliche Bekanntmachung«, bezeichnet im japanischen Zen-Buddhismus Aussprüche, Fragen und Anworten der Zen-Meister. Im Zentrum steht jeweils ein der Vernunft unzugängliches Paradoxon, über das der Schüler meditiert, um zur Erleuchtung zu gelangen. (A. d. Ü.)

ren Umständen zu neuem Leben, so verhält es sich stets. In gewisser Weise ist Gurdjieff etwas sehr Seltenes gelungen: eine *heutige Tradition* zu begründen.

Was Sie vorhin sagten, scheint mir dem zu entsprechen. Es ist Altes, eine alte Tradition, und gleichzeitig ist es eine gegenwärtige Forschung. Ihrer Ansicht nach ist es gut, daß die Modernität Forschung ist, nicht wahr?

Ja – und daß sie Arbeit an sich selbst ist. Wenn ich von allem nur einen zutreffenden Vektor nehmen sollte, so wäre das: »Arbeit an sich selbst«. Aber ich möchte noch erwähnen: Wenn Gurdjieff das russische Harmonium – *Garmochka* – spielte, spielte der alte, denn die Aufnahmen, die ich kennenlernen konnte, stammen frühestens aus den vierziger Jahren. Es gibt also diese späten Aufnahmen (vorher existierte noch kein Tonbandgerät). Was mich überrascht, ist die Art und Weise, wie er seine *Improvisationen*[10] spielte, die einerseits aus einer Abgeschiedenheit hervorgehen, andererseits aus großer Traurigkeit – falls man so über das gefühlsmäßige Register sprechen kann. Allerdings handelt es sich hier um nichts Negatives. Das Wort »gefühlsmäßig« ist ein

10 G. I. Gurdjieff, *Improvisations (à l'harmonium)*. Von Gurdjieff gespielte Musik aus dem Jahr 1949; zwei Schallplatten: éd. Janus, Paris 1971. (Vergriffen) (A. d. Ü.)

wenig ungenau, *verwirrend*; es handelt sich hier um das Zeichen der Abgeschiedenheit. Man hat versucht, diese *Improvisationen* als Beispiele objektiver Kunst zu deuten, und sogar Gurdjieff sagte: »Das ist ein altes Gebet zum Weinen …« Übrigens habe ich einige polnische Motive wiedererkannt wie zum Beispiel ein Weihnachtslied.

Liturgische Aspekte?

Ja, aber auch volkstümliche. Vielleicht geschah das durch seine Frau, Madame Ostrowsky, das weiß ich nicht … Aber man sieht, wie irreführend es sein kann, ganz einfach zu sagen: Die Vollendung ist Freude. So einfach ist das nicht. Die Vollendung ist weit komplexer, viel mehr etwas, was mit Abgeschiedenheit zusammenhängt. Auf jeden Fall ist der Blick auf die Welt, so wie sie ist, eine Bedingung für diese Vollendung, und das muß so sein! Und in Gurdjieffs drittem Buch finde ich jene so wichtigen Fragmente, in denen man nicht das Bild eines glücklichen Meisters sieht, der alles weiß, sondern das eines Menschen inmitten eines so gewaltigen Kampfes, daß er sich die Frage stellt: Hat er nicht alles verloren? Die

11 Anspielung auf den Prolog des letzten Werkes von G. I. Gurdjieff, *Das Leben ist nur wirklich, wenn »Ich bin«*. Basel 1987, S. 49.

Frage nach dem Selbstmord. Danach, gegen Ende,[11] die Tatsache, daß …

… er mit dem Schreiben aufhörte?

… daß er mit dem Schreiben aufhörte. Aber auch die Frage des Alters. Ich glaube, wenn einige große Lehrer ihre Memoiren direkt schreiben würden, so hätten wir mehr Beispiele dafür. Denn der weitverbreitete Mythos ist der, daß jemand eine bestimmte hohe Stufe erreicht und endgültig glücklich ist. Er weiß alles, er empfindet keine dramatische Spannung mehr. In dem alten Gurdjieff herrschte jedoch eine gewaltige Spannung, und davon zeugt dieses dritte Buch. Für mich stehen das dritte Buch und die *Garmochka* in engem Zusammenhang, auch wenn die Periode nicht dieselbe ist, denn das dritte Buch ist aus den dreißiger Jahren und die *Garmochka* aus den vierziger Jahren.

Wie empfinden Sie Gurdjieffs Arbeit im Detail? Es ist erwähnenswert, daß Sie zunächst eine praktische und lange währende Beziehung zum Hinduismus hatten und daß Sie sich später mit anderen Überlieferungen auseinandersetzten. Was ist für Sie das Spezifische an dem, was uns Gurdjieff brachte?

Man hat häufig die Frage gestellt: Welches war Gurdjieffs Quelle?, und zwar im Sinne einer direkten und praktischen Übermittlung. Mir scheint, die Vermutung, sie sei tief im Buddhismus, insbesondere im tibetischen, verankert, ist eine falsche Vermutung. Was für mich deutlich ist, ist eine starke Beziehung zu der sehr alten christlichen Überlieferung, sodann zu mehr technischen Elementen einer Tradition, die wir, sehr weit gefaßt, als *sufistisch* kennzeichnen können. Es ist schwer zu sagen, ob es nur das ist, denn wir haben in der Sufitradition auch umgedeutete hinduistische Elemente. Man darf dies nicht vergessen: Einige Zweige des Hinduismus – das *Sahaja* beispielsweise – waren sehr tief in die Technik und Denkweise der Sufis eingedrungen. Also, einige überaus ernsthafte Menschen wie etwa Ouspensky oder ein bißchen phantasievolle wie Bennett haben die traditionelle Quelle Gurdjieffs zu entdecken versucht. Das war Ouspenskys berühmte Erwartung – für den Fall, daß Gurdjieff »verrückt geworden« war oder »seine Aufgabe verfehlt« hatte oder »etwas anderes fehlte« –, Gurdjieffs Quelle zu finden. Vielleicht, so fragte sich Ouspensky, würde Gurdjieffs Quelle mit den Leuten Kontakt aufnehmen, die sich im Westen mit der Arbeit befaßten. Völlig naiv. Weshalb? Weil Gurdjieff meiner Ansicht nach kein Abgesandter gewesen war. Er war vor allem ein Forscher, der in die praktischen und technischen Bereiche der Traditionen, denen er begegnen konnte, tief eindrang. Mir scheint, seine persönliche Erfahrung auf diesem Gebiet war das Grundlegende, aber er verwendete auch verschiedene Dokumentationsarten, Dinge, die, wie er sagte, in bestimmten Gegenständen oder Liturgien oder in bestimmten Tanzformen kodiert waren, und anscheinend benutzte er sogar alte schriftliche Quellen. Selbstverständlich bildete seine eigene, praktische Erfahrung die Grundlage, wobei für ihn noch viele Lücken offenblieben, ungelöste Dinge, Dinge, die es zu enthüllen, die es auf verschiedenen Ebenen zu verstehen galt. Man darf beispielsweise nicht vergessen, daß eine seiner wichtigen Quellen die (ebenfalls westliche) Erforschung der Hypnose und der Beeinflußbarkeit war. Daher kann man sagen, daß es ebensosehr die *Sufi*tradition wie auch der Doktor

12 Eine kurze Sammlung alchemistischer Aussprüche, die – zusammen mit dem spätantiken *Corpus Hermeticum* – dem Hermes Trismegistos zugeschrieben wird, einer Verschmelzung des griechischen Gottes Hermes und des ägyptischen Gottes Thot. Sie ist Teil des Schrifttums einer Offenbarungs- und Geheimlehre der Spätantike. *Das Corpus Hermeticum Deutsch*, Übersetzung, Darstellung und Kommentierung in drei Teilen, bearbeitet und herausgegeben von Carsten Colpe/Jens Holzhausen, Stuttgart 1997. Der Text der Smaragdtafel

Charcot gewesen sind. Andererseits zitierte er häufig die *Tabula smaragdina*[12]... Er suchte auf verschiedene Weisen und in mehreren Richtungen. Er fand Antworten, doch er entdeckte auch das *Fehlen von Antworten*, vergessene oder verlorengegangene oder ungelöste Dinge. Er unterrichtete während eines langen Zeitabschnitts seines Wirkens, aber gleichzeitig setzte er seine Forschungen fort. Dazu sagte er irgendwo, in sehr brutaler Weise, daß die Leute, mit denen er in bestimmten Zeiten gearbeitet habe, auch seine Versuchskaninchen gewesen seien.[13] Er versuchte im Menschen die Logik objektiver Gesetze zu verstehen. Aus diesen Gründen ist es falsch, zumindest naiv, *einen* Ort, *eine* Quelle für Gurdjieff finden zu wollen. Er war ein Forscher, der auf mehreren Gebieten und in mehreren Traditionen Untersuchungen durchführte, auch wenn er sich sehr wohl auf die kulturelle Wiege konzentrierte, die das Mittelmeerbecken darstellt, aber auch etwas mehr nach Osten. In gewisser Weise verrichtete er eine wissenschaftliche Arbeit, um zu verstehen. Verstehen, nicht um mit Worten zu formulieren, verstehen, um tun zu können. Das ist stets ein grundlegender Unterschied. Da ist die Frage nach Gurdjieffs

(lat. und dt. Übersetzung) wird in dem Buch von Ralf Liedtke, *Die Hermetik. Traditionelle Philosophie der Differenz* (Paderborn 1996) auf S. 31 f. zitiert. (A. d. Ü.)

13 »Ich fing an, verschiedene im Wachzustand auftretende Äußerungen der Psyche jener gut trainierten und sich frei bewegenden Versuchskaninchen zu beobachten und zu studieren, die mir das Schicksal zur Verfügung gestellt hatte, damit ich meine Experimente durchführte.« G. I. Gurdjieff, *The Herald of Coming Good*.

New York 1971, S. 22. (Neuauflage des unter Anm. 18 erwähnten Titels [A. d. Ü.])

Sprache: Alle alten traditionellen Fragen hat er neu formuliert. Je weiter wir zeitlich entfernt sind, um so deutlicher treten diese Fragen zutage. Alle diese Fragen hat er in einer äußerst *coolen* Sprache neu formuliert. Er brachte eine Terminologie mit, keine abstrakte oder religiöse Terminologie, sondern, ich möchte sagen, eine *coole*, praktische, technische Sprache, die sogar fast mit dem Naturwissenschaftsniveau seiner Zeit verbunden war. Die Lehre von der Mechanik zum Beispiel: Er gebrauchte verschiedene Elemente der Terminologie seiner Zeit wie etwa die *»Puffer«*[14]. Man beobachtet bei ihm auf allen Gebieten die Bemühung, die Terminologie nicht nur von der Sentimentalität, sondern auch von einem theologischen Inhalt zu lösen.

14 »Puffer«, ein Ausdruck, den Gurdjieff verwendete, um eine tief im Menschen verwurzelte Tendenz – eine Art schockdämpfende Vorrichtung – zu bezeichnen: »›Puffer‹ wiegen einen Menschen in Schlaf, geben ihm die angenehme und friedliche Empfindung, es sei alles gut, es beständen keine

Was wäre dieser theologische Inhalt?

Nicht die Ebene des »Tuns«, sondern die Ebene der Dogmen über die Auslegung der Welt. Also das war – für unsere Zeit und vielleicht darüber hinaus – ganz und gar außergewöhnlich. Meines Wissens hat niemand diese Art von Bemühung unternommen, um Dinge zu lösen, sie von theologischen Inhalten zu trennen, um sie auf pragmatische Qualitäten zurückzuführen. Gurdjieffs Haltung ist nicht »religiös«. Es gibt wohl etwas Religiöses, jedoch unformuliert: So vermeidet man einen zu lässigen Umgang mit dem Inhalt. Es ist wie jene berühmte Antwort Gurdjieffs auf die Frage einer Dame oder eines Herrn: »Aber was können Sie über Gott sagen?«, *»You go too high!«,* »Sie greifen zu hoch.« Er antwortete in seinem sehr eigentümlichen Englisch. Ich finde übrigens, daß sein Englisch und sein Französisch für seine Zwecke hervorragend waren. Auch das unterbricht die intellektuellen Hör- und Deutungsgewohnheiten. Und dann ist da auch seine Art, mit der Sprache umzugehen. Es gibt kleine Sachen, die dem Anschein nach theoretisch sind, in Wahrheit aber sehr praktisch und grundlegend, wie zum Beispiel der Unterschied zwischen *feeling* und *sensing*, zwischen Gefühl und Körperempfindung, die so grundlegend sind und zugleich so schwer zu begreifen für unsere Zeitgenossen, so schwer zu erfassen. Es gibt bei Gurdjieff jene ganz besondere, ganz außergewöhnliche Ausrichtung, die man als ein Akzeptieren der Lebensbedingungen eines Menschen bezeichnen kann und daß sie der beste Ausgangspunkt

Widersprüche, und er könne in Frieden schlafen. *›Puffer‹ sind Einrichtungen, mit deren Hilfe ein Mensch immer im Recht sein kann.* ›Die Puffer‹ helfen dem Menschen, sein Gewissen nicht zu spüren.« P. D. Ouspensky, *Auf der Suche nach dem Wunderbaren: Fragmente einer unbekannten Lehre.* Innsbruck 1950; Weilheim 1966; München 1982, S. 226.

sind für die Arbeit an sich selbst. Seinen Platz im alltäglichen Leben, unter den Leuten, nicht aufgeben, um in eine Einsiedelei zu gehen. Sich nicht vom Leben entfernen, sondern gerade innerhalb der Umstände bleiben, in die uns die Verhältnisse – oder das Schicksal, wenn man so will – versetzt haben, und dort zurechtkommen. Das bedeutet nicht, daß ich glaube, dies sei die einzige Möglichkeit. Ich bin beispielsweise sehr interessiert an der Möglichkeit, eine gewisse Zurückgezogenheit zu bewahren, und ich glaube, daß das monastische System, das tibetische zum Beispiel, oder sogar bestimmte christliche Einsiedlersysteme nützliche Bedingungen schaffen konnten. In Fontainebleau war das in gewisser Weise eine zeitlich begrenzte Abgeschiedenheit, besondere Bedingungen …

Gurdjieff hat stets die Notwendigkeit besonderer und auf jeden einzelnen abgestimmter Bedingungen nachdrücklich betont, aber es gibt auch etwas Spezifisches, das einer modernen tiefen Notwendigkeit entspricht bei der Ablehnung und sogar Zerstörung jeder konventionellen Sittlichkeit, des Sinns für Gut und Böse, der zwei Pole, welche Form sie auch immer annehmen mö-

gen. Er hatte sie zerstört, um sie durch ein einziges Kriterium zu ersetzen: Was ist wirklich günstig für die innere Arbeit? Was blockiert die Arbeit? Was hat einen Energieverlust zur Folge? Das war letzten Endes das große Kriterium; aber damit verbunden gab es etwas ganz Besonderes, die Notwendigkeit, eine starke Kraft ebensosehr aus der absteigenden Bewegung wie aus der aufsteigenden Bewegung zu schöpfen.

Aus der absteigenden Bewegung der Welt?

Nicht davon gefesselt sein, sondern mitgehen, begleiten.

Nicht gefesselt sein, selbst wenn man mitgeht, das ist in gewisser Weise eine alte gnostische Tradition. Mitgehen und dem gegenüber frei bleiben ist, glaube ich, ein Gurdjieff eigentümlicher Akzent. Die Distanziertheit gegenüber der konventionellen Moral birgt mehrere Gefahren in sich. Wenn man die Dinge in ihrem operativen Zusammenhang bewahren will, so bleibt die Distanziertheit eine Notwendigkeit. Gurdjieffs ganz außergewöhnliche Qualität liegt vielleicht in dieser unglaublichen Herausforderung. Letztlich legte er jedoch den Nachdruck auf das Fundament des *Gewissens.* Wenn man diesen Aspekt des *Gewissens* vernachlässigt, dann kommt es schnell dazu, daß man die »rechte Hand« mit der »linken Hand« verwechselt, was sehr angenehm ist und genau aus diesem Grund zu einer Verderbtheit *des Inneren* wird. Bei Gurdjieff ist die Wurzel des *Gewissens* grundlegend. Natürlich ist es wichtig, sich von der *Verlogenheit* der Moral in der üblichen Bedeutung zu befreien. Bei Gurdjieff ist dies das Modernste und zugleich das Traditionellste. Wenn man zeitlich sehr weit zurückgeht, zum Ursprung der Traditionen, dann entdeckt man das immer wieder. Hingegen mit der Bewegung der Welt zu gehen, entschlossen sogar mit der absteigenden Bewegung der Welt zu gehen und zugleich Unabhängigkeit, sagen wir: Un-Bedingtheit, zu bewahren – ich kenne keinen anderen Fall, bei dem das so streng eingehalten wurde.

Und vor allem während er absichtlich jegliches Gottesbild zerstörte. Dahinter gibt es nicht nur ein tiefes Gefühl für das Heilige, sondern man kehrt auch mit Beelzebub, *mit der metaphorischen Struktur »Seine Ewigkeit«, zum Gebet des Herrn, zum »Vaterunser« zurück.*

Weil das, was Gurdjieff an dem Begriff Gott attackierte, letzten Endes »euer Herrgott« war!

Gurdjieff sagte, daß er einundzwanzig Jahre seines Lebens hindurch eine nicht sehr natürliche Rolle gespielt habe, und zwar um die Psychologie der Menschen zu studieren. Wie verstehen Sie die Bedeutung dieses Programms, und wie konnte er Ihrer Ansicht nach diesen »nicht natürlichen« Kraftakt über all die Jahre durchhalten, sogar gegenüber seinen Angehörigen?[15]

Wir sind alle ununterbrochen dabei, eine Figur, eine Rolle zu spielen, es ist das, was C. G. Jung als *Persona* charakterisiert hat[16]. Die erste Frage, die sich zu diesem Spiel Gurdjieffs gegenüber anderen stellt, ist: Spielte er eine oder mehrere Figuren? Mein Eindruck ist, daß er mehrere Rollen innerhalb eines bestimmten Spektrums einnahm, innerhalb eines bestimmten Rahmens, der unerläßlich war, damit er wiedererkannt wurde. Was man sehen muß, ist, daß Gurdjieff dies mit sehr großer Meisterschaft beherrschte.

Konnte er mitunter ein Opfer dieser Haltung werden? Theoretisch besteht die Gefahr, daß er etwas Unkontrolliertes in ihm selbst durch dieses Spiel ge-

15 Gurdjieffs »Verklärung«. Vgl. P. D. Ouspensky, *Auf der Suche nach dem Wunderbaren*, op. cit., S. 476–477. Auch Georgette Leblanc, *La machine à courage*. Paris 1947, S. 207: »Wie wenn er plötzlich die Masken weggerissen hätte, unter denen es seine Pflicht ist, sich zu verbergen.«

16 C. G. Jung: »Persona ist das, womit Sie die Menschen beeindrucken möchten, und das, was die Menschen Ihnen als Rolle aufdrängen. Darum spricht man von einer Maske.« Aus einem Brief vom 8. 1. 1948 an Rev. Canon H. George England, in: C. G. Jung,

Briefe. Zweiter Band. 1946–1955, Olten und Freiburg i. Br. 1972, S. 105. (A. d. Ü.)

17 *The Herald of Coming Good.* Diese 1933 in New York und Paris in kleiner Auflage als Privatdruck erschienene Broschüre wurde von ihrem Autor sehr schnell aus dem Verkehr gezogen. (Siehe auch Anm. 15)

rechtfertigt haben könnte. Er sagte das selber in jener Broschüre, die er aus dem Verkehr zog. Ich habe diese Broschüre[17] sehr wichtig gefunden, weil er trotz all der bizarren Dinge, die darin vorkommen – wie etwa die Beschreibungen der Pläne und die völlig phantastischen Laborprojekte, die in Wahrheit eine Form sind, die Angelegenheit zu verbergen und sie mit der notwendigen Zweideutigkeit zu umgeben –, seine Verpflichtung gegenüber den anderen erfüllte, weil er gewisse Dinge eingestand. Ich habe das sehr, sehr geschätzt. Ich muß betonen, daß seine Haltung auf dem Gebiet des »Spielens« nicht die nonkonformistische Haltung war, die man vermutet. Er spielte wie der Meister in bestimmten Traditionen, der sich verwandelt, um den Schüler herauszufordern, doch er spielte auch als Suchender, als Forscher, und in dem Zusammenhang sagte er, er sei jedem an der schmerzhaftesten Stelle »aufs Hühnerauge getreten«. Das ist dann doch etwas anderes, denn er sagte eindeutig, daß es zu dem Zweck war, einige unbekannte Elemente des psychischen Apparates verstehen zu lernen. Es gibt also folgende Subtilität: Es handelt sich um zwei Funktionen. Die erste war eine keineswegs nonkonformistische Funktion. Wenn man sich an den Grundsatz hält, daß Liebe – sagen wir die positive Einstellung gegenüber jemandem – objektiv den Nutzen dieses Menschen, dessen Weiterentwicklung anstrebt, dann ist klar: Die Tatsache, daß ich mich sympathisch, herzlich und gut zeige, gilt nicht dem Nutzen des anderen Menschen, es geht um das vorteilhafte Bild meiner selbst in den Augen dieses Menschen. Will man diesen Grundsatz hundertprozentig anwenden, so muß man selbstverständlich die Sichtbarkeit der positiven Einstellung sehr häufig verbergen. In dem zweiten Buch von Fritz Peters sieht man, wie der Autor im Erwachsenenalter anfing, einen Weg zu suchen, um sich von der Vaterfigur Gurdjieff zu lösen. Zugleich provozierte ihn Gurdjieff diesbezüglich auf oftmals unerträgliche Weise. Aber dann vollzieht Peters am Ende des Buches plötzlich einen Wechsel, eine Kehrtwendung, und er sagt: »Was ich als Kind *wußte*, beginne ich als Erwachsener zu *verstehen*. Gurdjieff *übte* Liebe in einer fast allen unbekannten Form: grenzenlos.«[18]

18 Peters, Fritz, *Gurdjieff Remembered.* London 1965, New York 1971, S. 159: »What I *knew* as a child, I am beginning to *understand* as an adult. Gurdjieff *practiced* love in a form that is unknown to almost everyone: without limits.« (Das erste Buch trägt den Titel *Boyhood with Gurdjieff*, New York 1964. [A. d. Ü.])

Verschiedene Menschen konnten den direkten Kontakt mit Gurdjieff schlecht ertragen. Glauben Sie, daß heute, um der vollen Kraft seiner Unterweisung auszuweichen, eine Art Verdünnung notwendig ist, um so eine Verbindung zu der Ebene des alltäglichen Lebens sicherzustellen?

Wenn das Programm in dieser Weise formuliert wäre, so würde ich mich dem heftig widersetzen. Ganz im Gegenteil, es gilt, gegen die Verdünnung anzukämpfen. Einerseits muß man sie als einen unvermeidlichen Vorgang hinnehmen – wie die Entropie in der Physik –, andererseits gilt es, beharrlich einen Gegenvektor zu schaffen. Denn gerade diese Verdünnung, dieses »homöopathische« Verfahren bewirkt, daß sich die Dinge verschlechtern. Es geht nicht darum, empört oder schockiert zu sein – das passiert so, es ist ein Naturgesetz –, sondern es ist notwendig, dieser gefährlichen Tendenz Widerstand zu leisten, denn sie nimmt mit jeder neuen Generation von Nachfolgern zu.

Aber angesichts der vielfältigen Verständnisebenen kann man sagen, daß diese Verdünnung bereits vorhanden ist?

Ja, sie ist bereits vorhanden! Was ich betonen wollte, ist, daß man in unmittelbarer Nähe zur wirklichen

Arbeit an einer großen Unerbittlichkeit gegenüber der Verdünnung festhalten muß.

Mitten in der »Arbeit«, unbedingt!

Wenn man an das Problem der Verdünnung und der zunehmenden Unerbittlichkeit denkt, so meine ich, daß Gurdjieffs Nachfolger auf eine gewaltige Schwierigkeit gestoßen sind. Es ist eine schreckliche Situation: einerseits die Gefahr, die Sache zu *freezen*, einzufrieren, sie in den Kühlschrank zu legen, um sie in einwandfreiem Zustand zu bewahren, und andererseits, wenn man sie nicht *freezt*, einfriert, die Gefahr der unbewußten Verdünnung durch Leichtigkeit. In der Regel bestehen die Anpassungen, die eine Arbeit verständlicher machen sollen für eine künftige Welt, darin, sie zu erleichtern. Wie soll man gegen die Verdünnung ankämpfen und gleichzeitig bei diesem unerbittlichen Kampf den möglichen Schritt einer weitergehenden Forschung vollziehen? Man findet also bei Gurdjieff diese beiden Aspekte: den Aspekt der traditionellen Unterweisung und den Forscheraspekt. Die aktuelle brennende Frage ist: Wer wird heute die Kontinuität des

Forscheraspekts sicherstellen? Sehr subtil, sehr heikel und sehr schwierig.

Wodurch könnte man auf einem Weg weitergehen? Vielleicht durch einen Austausch wie der, den wir versuchen?

Auf jeden Fall muß man eine praktische Annäherung an das Problem anstreben, sonst besteht für die Kontinuität des Forschens die Gefahr, daß man in die Illusion verfällt, man könnte weitermachen, indem man dicke Wälzer über die Ideen verfaßt. Es ist wie bei Bennett und seinem *Dramatic Universe*[19]: die nutzlose Bemühung, ein neues System aufzubauen. Das neue System im Anschluß an das System. Die Sache läßt sich nur im Bereich des *Tuns* erforschen. Doch wir sprachen auch über die Unterschiede zwischen den Menschen. Die Art und Weise, wie Ouspensky die letzten Monate seines Lebens verbrachte, ist zum Beispiel sehr wichtig. Etwas in ihm hatte sich tiefgreifend verändert. Denken Sie an seine berühmte letzte Formel: »Es gibt kein System!«

19 Bennett, J. G., *The Dramatic Universe*, 4 Bände, London 1956–1966. (A. d. Ü.)

Eine Formel, die von seiner Umgebung nicht immer verstanden wurde.

Nein, überhaupt nicht verstanden wurde! Aber bei ihm war das etwas Außerordentliches. Das bedeutet, daß er zu einem gewissen Zeitpunkt am Ende seines Lebens wirklich zu etwas gelangt war. Er sprach sehr wenig, doch das, was er sagte, war von außerordentlicher Qualität. Zum ersten Mal in seinem Leben ist, glaube ich, die Qualität des »Seins« in ihm aufgetaucht.

Ausgehend von diesem in keiner Sprache in Worten übersetzbaren Sinn für das Sein – mir scheint alles, worüber wir sprechen, die wahre Natur dieser Lehre, mit dynamischen Begriffen in Zusammenhang zu stehen. Ob man von Kreislauf spricht, von Beziehung, von richtiger Handlung, vom »Tun«, es handelt sich allemal um die Erforschung von etwas, was man den Sinn für Bewegung, einen grundlegenden Dynamismus nennen kann.

Ja, Sie berühren hier wahrscheinlich ein Merkmal von Gurdjieffs Arbeit, das ungewöhnlich ist, selbst innerhalb der Traditionen. In den Traditionen, zumindest wenn die uns, nachdem sie über mehrere Vermittler gegangen sind, noch immer bewegen, findet man sehr häufig statische Werte. In Gurdjieffs Arbeit ist gerade jene kinetische Art stets spürbar.

Es ist ein Perpetuum mobile, eine ständige Bewegung. Freilich ist sie sehr schwer schriftlich darstellbar oder vermittelbar, ohne Verrat zu begehen. Wenn man sich dieses Verrates bewußt ist, dann gibt es allerdings etwas Eindringliches, eine Behutsamkeit, eine Empfindsamkeit.

Im Umkreis jedes Menschen, der wirkliche Forschung betreibt, der gegen die Tendenz dieser Forschung zu erstarren ankämpft, der sich der Errichtung einer schlechten, verdünnenden – die Aufgabe leicht machenden – Orthodoxie widersetzt, gibt es eine ihn umgebende Atmosphäre, die man zu Unrecht bisweilen »charismatisch« nennt. Die Gefahr, die doppelte Gefahr zwischen dem Menschen und seiner Umgebung, ist gleichsam ein Austausch von Geschenken: »Ihr behandelt mich als großen Manitu, und als Gegenleistung akzeptiere ich euch als meine Apostel.« Wenn so etwas eintritt, schafft das ein ungesundes Klima, weil die Umgebung ein natürliches Interesse daran hat, die Forschung auf dem bestehenden Niveau zu belassen. Schauen Sie sich den Fall von Stanislawski an: Warum fürchtete man sich so vor seiner Methode der physischen Handlungen? Sie war der panische Schrecken in seiner Institution, jeden beunruhigte die Vorstellung, sich in einer Lage zu befinden, wo man alles von neuem lernen mußte. Daher wurde es gleichsam zu deren natürlichem Interesse, die Sache erlahmen zu lassen. Und wenn die anderen Personen im Umkreis dieser Schlüsselperson wichtig sind, nicht nur kleine Leute, sondern wirklich die Personen, die etwas tun, so ist die Gefahr um so größer. Was ich verstehe, ist, daß Gurdjieff stets gegen diese Situation angekämpft hat. Mehrere Strategien sind möglich: Die eine, die rasch zum Ziel führt, ist, den Menschen den Laufpaß zu geben. Allerdings bemerke ich bei Gurdjieff die Strategie, die Person nicht vor die Tür zu setzen, sondern ihr das Leben so schwerzumachen, daß sie von sich aus geht.

Daß sie von sich aus geht, um ihre Autonomie zu bewahren, sonst würde sie abhängig bleiben.

In dem einen oder anderen Fall mag diese Art fragwürdig sein, doch wie ich es sehe, ist die Haltung unvermeidlich. Andernfalls ist es ein falscher Friede, der Friede des »Wir sind uns einig in beiderseitigem Interesse« und nicht um der Sache selbst willen.

In all dem, was Sie gelesen haben, in all dem, was Sie glauben vergessen zu haben, in den Büchern »darum herum«, nicht in den Büchern von Gurdjieff selbst oder von Ouspensky, was hat Ihnen am meisten gegeben?

Ich bin in der Vergangenheit auf ein äußerst naives Buch einer Frau Popoff gestoßen, ich weiß nicht, wer sie ist.

Popoff?

Irmis Popoff. Nun ja, Frau Irmis Popoff zu zerpflükken ist sehr einfach. Selbst den Titel[20], ja doch, selbst das Umschlagbild, alles, alles, ja. Und in dieser Naivität sagt eine kleine Stimme: »Ich selbst, ich bin nur ein Mäuschen, das …« Sehr leicht zu zerpflücken. Aber sie war für mich ein Hauptzeuge, weil sie gewisse Dinge aufgefangen hat, wie zum Beispiel die Art und Weise

20 Irmis B. Popoff, *Gurdjieff: His Work on Myself… with Others… for the Work*, New York 1969.

von Gurdjieffs letztem Besuch der Vereinigten Staaten. Die Art, wie er sich gegenüber den Leuten benahm oder während einer *Bewegungs*stunde. Es ist übrigens eine Fähigkeit, die man bei Frauen oft findet und viel weniger bei Männern; Männer nehmen alles auf, was in den Bereich der Ideen gehört, sie schaffen eine Synthese. Frauen fangen Bilder von den Reaktionen, von dem Verhalten auf. Und das ist sehr wichtig. Beispielsweise Georgette Leblanc, all diese Frauen und jene schriftstellernde Nonne, wie heißt sie noch?

Kathryn Hulme.[21]

Da sieht man den Menschen Gurdjieff. Also, als ich das Buch von Irmis Popoff las, habe ich ein wenig gelacht, denn es ist zugleich lächerlich und amüsant, aber paradoxerweise fängt es die Dinge gut ein.

Es gibt Wörter wie »anekdotisch«, die das Wachrufen eines Eindrucks allzu leicht gar nicht erst zulassen. Das Leben, das wirkliche Leben des Zeugnisses ist sehr wichtig. Um auf andere Gebiete zu kommen, auch das ist Theater, diese Art und Weise, durch kleine Gebärden, kleine Handlungen etwas Menschliches erleben zu lassen.

21 Hulme, Kathryn, *Undiscovered Country: A Spiritual Adventure*, Boston, Toronto 1966. Dt. *Unentdecktes Land. Ein geistiges Abenteuer.* Freiburg, Basel 1968. (A. d. Ü.)

Ja, und ich muß übrigens Frau Popoff erneut Ehre erweisen, sagt sie doch, daß Gurdjieff ihrer Meinung nach immer »tätig« war. Es stimme nicht, daß er den *Kampf der Magier*[22] nicht verwirklicht habe, er habe ihn einfach zu unterschiedlichen Zeiten in verschiedenen Ländern mit verschiedenen Menschen verwirklicht – indem er an den *Bewegungen* arbeitete. Diese Stelle in ihrem Buch ist sehr ergreifend. Ihrer Ansicht nach hat er seinen *Kampf der Magier* gemacht. Und wenn sie ihre eigene Erfahrung beschreibt inmitten anderer Leute, die nacheinander einen »Tanz des Schwarzmagiers« und einen »Tanz des weißen Magiers« ausführen, teilt sie etwas mit durch die Naivität ihrer Beschreibung. Man sagt freilich, sie sei zensiert worden, ich weiß nicht, von wem. Man habe sie gebeten, sich an einen Rahmen zu halten, den sie nicht überschreiten solle, um darin ihre eigenen Ideen einzubringen. Das war legitim. Ich glaube, wenn ihr Text von jemandem zensiert wurde, so hat dieser Jemand gute Arbeit geleistet, einen Übergang zwischen den angegebenen Grenzen. Das andere Beispiel, von dem ich sprechen möchte, betrifft ebenfalls eine Frau, eine Frau von bemerkenswerter intellektueller Fähigkeit; allerdings fin-

22 Ein kurzer Hinweis auf dieses Ballett findet sich in dem Begleitheft zu der CD gurdjieff/de hartmann: *music for the piano volume IV: hymns from a great temple and other selected works.* Wergo, Mainz 2001, S. 16 f. (A. d. Ü.)

det man darin nichts von dem, was ich soeben über die Frauen gesagt habe; es handelt sich um *Conversations with Madame Ouspensky, 1939–1940*, einem kleinen Buch von fünfzehn Seiten, herausgegeben von Robert de Ropp.[23] Darin findet man zwei kurze Fragmente, in denen sie von Selbsterinnerung spricht und die wirklich aufschlußreich sind. Das eine ist: die zwei Richtungen des Blickens – auf den Gegenstand und sozusagen vom Gegenstand auf sich selbst. Das andere ist: in einem Zimmer sitzend nimmt man sich einfach wie einen Gegenstand unter anderen Gegenständen in diesem Zimmer wahr. Selbstverständlich gebe ich einen sehr schlechten, sehr vereinfachten Bericht davon, ich weise Sie nur auf diese beiden Fragmente hin.

23 Robert S. de Ropp, *Conversations with Madame Ouspensky, 1939–1940, at Lyne*. San Francisco 1974, [2]1995.

Kurz und gut, die männliche Synthese?

Ja, das ist es: Ich schaffe die männliche Synthese, doch dieses Büchlein ist außergewöhnlich, es ist eine ganz andere Art von Zeugnis. Sie spricht wohl von den Ideen, aber die Art und Weise, wie sie von ihnen spricht, ist ein Hinweis auf das »Tun«.

Das stimmt, das ist ein Schock. Sie bringt Schockideen mit. Während ihres gemeinsamen Lebens lieferte Ouspensky die Ideen, sie jedoch veranlaßte einen zum Arbeiten …

Ja, welch ein Unterschied!

Sie mußte überall, selbst von ihrem Bett aus arbeiten. Am Ende ihres Lebens, als sie krank, bettlägerig war, sah sie alles, sie gab ihnen Übungen. Selbst ohne die anderen körperlich zu sehen, jeden Tag, das war phantastisch!

In der Dritten Serie[24] *ist von der »Mahnung Gottes« die Rede, es ist die gesamte Bedeutung des* Beelzebubs*: Wie konnte »Unser Alliebender und Allumfassender Vater« einen seiner ihm nahestehenden Söhne an das äußerste Ende des Weltalls vertreiben?*[25] *Die Antwort ist: »der Mahnfaktor«. Selbst Gott bedürfe eines Mahnfaktors.*

»Die Mahnung Gottes«. Das gibt es in den Überlieferungen. Zum Beispiel in der *Philokalie* – und das existiert in verschiedenen Zweigen des Sufismus. Aber daß Gott selbst sich mahnt, die Mahnung

24 Gurdjieffs literarisches Gesamtwerk unter dem Titel *All und Alles* besteht aus drei Serien: Die erste Serie trägt den Titel *Beelzebubs Erzählungen für seinen Enkel.* Die zweite Serie *Begegnungen mit bemerkenswerten Menschen.* Die dritte Serie *Das Leben ist nur wirklich, wenn »Ich bin«.* (A. d. Ü.)

25 Vgl. den Prolog aus G. I. Gurdjieff, *Das Leben ist nur wirklich, wenn »Ich bin«.* Op. cit., S. 40 und *Beelzebubs Erzählungen für seinen Enkel: Eine objektiv unparteiische Kritik des Lebens des Menschen.* Innsbruck 1950; Basel 1981; München

durch Reibung, worauf Gurdjieff durch »das Fortschicken eines Seiner ihm nahestehendsten Söhne« hinweist, dem bin ich niemals woanders begegnet.

Zum Abschluß der berühmte kleine Satz: »Gegen Gott«[26]*?*

Dieser Satz ist von mehreren Zeugen übermittelt worden. Er wurde also tatsächlich ausgesprochen, dieser kleine Satz. In sehr alten Überlieferungen wird die Schöpfung als eine »Entropie Gottes« angesehen, und die Rolle der Menschen sei es, die Rückkehr zu ermöglichen und so in gewisser Weise Gott zu erlösen. Dies *gegen* die Entropie. Wenn man es nicht tut, so kann man sagen, daß Gott selbst in der Schöpfung verlorengehe.

Das ist das Thema des Verfalls. Sie verwenden den Ausdruck »Entropie«. Die Vorstellung einer Entropie Gottes, nun ja, immerhin, im 20. Jahrhundert!

Die Entropie Gottes ist eine sehr alte Vorstellung, die immer neu entsteht. Es ist, wenn man so sagen kann, eine bewegende Vorstellung. Ich beginne mit

2000, S. 55: »Als Seine UNENDLICHKEIT dies erfuhr, sah er sich trotz seiner Allliebe und Allverzeihung gezwungen, Beelzebub und seine Gefährten in eine der entfernten Einöden des Weltalls … zu verbannen …«

26 Vgl. P. D. Ouspensky, *Auf der Suche nach dem Wunderbaren*, op. cit., S. 67: »Der Weg zur Entwicklung verborgener Möglichkeiten ist ein Weg *gegen die Natur, gegen Gott*.«

dem anekdotischen Aspekt. Hier eine Geschichte, die man im Hinduismus oft erzählt, und man erzählt sie als eine Schlüsselgeschichte. Jemand fragt Nârâyana oder eine der Formen Gottes: »Wieviel Inkarnationen brauche ich noch, wenn ich dich innig liebe?« Gott antwortet: »Sieben.« »Und wenn ich dich verabscheue?« Gott sagt: »Drei, denn wenn du mich verabscheust, befaßt du dich andauernd mit mir.« In unserer Kultur, der europäischen Kultur, gibt es den blasphemischen Aspekt, der auf dieselbe Tendenz hinweist ... denn wer kann wirkliche Gotteslästerung begehen? Gegenüber der Gottheit kann man keine laue Haltung einnehmen. Ein Ungläubiger ... nein, das ist nicht das richtige Wort – jemand, der keine *Beziehung* zu Gott hat, kann nicht eine wirkliche Gotteslästerung begehen. Doch wenn Sie mich zur Sprache der Religionen drängen ... dann ... dann ... lasse ich mich gehen ... In der sehr alten Tradition kommt man ständig auf die Frage der Erniedrigung Gottes in der Schöpfung zurück. Man gibt dies in verschiedenen Bildern wieder. Es ist gleichsam ein göttliches Spiel, verlorenzugehen und sich hinter der Vielzahl der Formen zu verbergen. Beispielsweise dem Aspekt der Kâlî – der göttlichen

Mutter – dem furchtbaren Aspekt und zugleich dem belustigten Aspekt, der mit allem sein Spiel treibt. Aber letztlich ist da die Frage nach der Rückkehr, die der Schlüssel ist, und diese mögliche Rückkehr verläuft einzig und allein über Menschen. Gerade die Trägheit der – göttlich genannten – Kräfte führt zum Leiden. In der jüdischen Überlieferung gibt es ein markantes Beispiel hierfür: das Bild der *Schechina,*[27] des weiblichen Aspekts Gottes, dargestellt als eine auf die Straßen der Welt verbannte, alte leidende Frau. Sie sucht nach der Rückkehr, kann sie jedoch nicht erlangen, wenn die Menschen ihr nicht folgen. Andere Beispiele finden sich in der Tradition des *Jñâna*[28]. So etwa in dem sehr schönen Ausdruck von Nisargadatta[29]: »Das Absolute ist wie ein Arzt, es ist brillant, alles geht gut. Plötzlich erwacht es eines Tages mit geschwollenen Augen, es kann nichts mehr tun.« Die geschwollenen Augen bedeuten *In-der-Schöpfung-Sein*. Diese kleine Geschichte ist eine Zufallsversion – die von Nisargadatta –, aber sie stellt das, worum es geht, sehr anschaulich dar, und gleichzeitig ist sie außerordentlich amüsant. In den Traditionen gibt es verschiedene Lesarten der zwei Strömungen der Welt: der absteigenden Strömung

27 Vgl. Scholem, Gershom, *Von der mystischen Gestalt der Gottheit*, Zürich 1962; *Ursprung und Anfänge der Kabbala*, Berlin 1962. (A. d. Ü.)

28 Jñâna ist im Hinduismus das hohe Wissen, das heißt das Wissen um das Absolute. (A. d. Ü.)

29 Sri Nisargadatta Maharaj (1897–1981), bedeutender indischer Weiser und Lehrer des Advaita Vedânta. Die Aufzeichnungen von Gesprächen zwischen ihm und geistig suchenden Menschen aus aller Welt waren die Grundlage für zahlreiche Bücher. (A. d. Ü.)

und der aufsteigenden Strömung. Das kann nahezu gnostische Erklärungsformen annehmen im Stil Teilhard de Chardins,[30] aber es gibt sie auch in den Wissenschaften. Das Erscheinen des Lebens und des Bewußtseins wäre gleichsam eine kleine Gegenströmung, weil im wissenschaftlichen Sinne die gesamte existierende Welt durch die Entropie und in der Entropie entstand. Eine Art entgegengesetzter Vorgang ist das Erscheinen des Lebens, der komplexen Lebensformen und der Formen des Bewußtseins im einfachen Sinn des Wortes: bloß eine Gegenströmung.

(Die Gespräche wurden am 8., 9. und 10. Februar 1991 in Paris geführt.)

30 Teilhard de Chardin, Pierre (1881–1955), Jesuit (seit 1899), war als Paläontologe und Anthropologe tätig, besonders in China (1926–39). Ausgehend von seinen anthropologischen Ausgrabungen und Forschungen versuchte er, das katholische Schöpfungsdogma mit der naturwissenschaftlichen Auffassung der Welt- und Menschheitsentwicklung in Einklang zu bringen. (A. d. Ü.)

LITERATUR IM ALEXANDER VERLAG BERLIN

Georg Iwanowitsch Gurdjieff
Begegnungen mit bemerkenswerten Menschen

Jean-Claude Carrière
Der Kreis der Lügner
Die Weisheit der Welt in Geschichten

Peter Brook
Der leere Raum

Das offene Geheimnis
Gedanken über Schauspielerei und Theater

Theater als Reise zum Menschen

Wanderjahre
Schriften zu Theater, Film und Oper 1946–1987

Mein Shakespeare *(The Quality of Mercy)*

Vergessen Sie Shakespeare

Zwischen zwei Schweigen. Gespräche

Jerzy Grotowski
Für ein Armes Theater
Mit einem Vorwort von Peter Brook

www.alexander-verlag.com